U0067039

The Three Boxes of Life
生涯規劃
掙脫人生的三大桎梏

作者： Richard N. Bolles

譯者：王梅蘭、李茂興

弘智文化事業有限公司

Richard N.Bolles

The three boxes of life

Chinese edition copyright © 2002
By Hurng -Chih Book Co., Ltd..
For sale in worldwild

ISBN 957-0453-76-1

Printed in Taiwan, Republic of China

作者序

　　親愛的讀者，你們好！是不是正要看看這篇序言，想知道本書講些什麼？就像大多數人在拿到一本新書時會有的習慣，你先是把書從頭到尾給翻過一遍，　發現裡面有很多有趣的漫畫、圖表和創意。再來，你仔細地看了看目錄。而現在，你來到了作者序。　　·

　　歡迎！歡迎！你想知道本書寫些什麼？簡單的說，這是一本關於概念（idea）的書，討論學習、工作和退休─即人生當中最重要的三個階段。對這些課題該如何面對，如何做最好的安排？雖然說目前市面上已經有許多專書討論著這些主題，但它們通常把這三樣東西分開來討論。要不就只討論關於學習的概念，要不就只談論工作，或只講退休。本書的特色在於同時將上述三項主題一起納入討論。同時處理這三個主題的原因是，本書是一本關於如何進行生涯規劃的入門書，而所謂的生涯規劃，顧名思義，就是要審視生涯中的每一個階段，每一個部份。

我自告奮勇地撰寫本書，其實是有點為情勢所逼。怎麼說呢？我是「高等教育聯合牧師會」(United Ministries in Higher Education)承接「美國生涯發展計畫」(National Career Development Project)的負責人。為了這個計畫，我們出版簡訊、主持工作坊、製作資料。在過程中，我們最常被問到的問題就是，哪裡找得到一本詳細介紹如何做生涯規劃的好書？然而，事實卻是，市場上並沒有這樣的一本書。所以我們才會決定將我們進行這個計畫的心得和經驗集結成書。

　　你們一定無法想像為了撰寫本書，我所做的犧牲！只有老天曉得我是如何翻山越嶺、橫渡惡水、爬過沙漠，才得以完成本書！不管如何，本書終究是完成了。一本有關概念 (idea) 的書現在呈現在你們眼前，裡面集結了許多朋友相當精采的創意和想法。當你為某個想法讚嘆不已時，自然會想要知道它出自何處。我可以告訴你，它們可能來自很多地方。我常為那些提出新概念的人感到不值。他們活著時鮮少得到社會大眾的肯定和讚賞。相較之下，如果你發明出某種新產品，大家都會記得你。比方說，每次只要一發生車禍，大家很自然的就會想起汽車的發明人。可是如果今天你提出的是一個新的想法，那就完全不是這麼一回事囉！有誰會記得哪個人最先提出「收集垃圾」這個觀念？這些提出新觀念的人就有如無名英雄們，生前既不曾因他們的創見而致富，死後依然默默無聞。儘管後世的人都受益於他們的創見，但他們的墓碑上只有「無名的創意人之墓」幾個大字。

　　那我們該用何種態度來對待本書提出的許多概念、想法呢？當然要先好好的讀一讀，細細地品嚐，經過一番思索後，再將這些概念應用到我們生活當中的每一層面。再來呢？是把它們好好地記住，保存在你的腦海裡嗎？不全然如此。我們現在來想像一場接力賽，有好幾個參賽的隊伍，每個隊伍都有好幾名跑者。上

場的跑者手持接力棒，在跑完規定的一至兩圈後將手中的接力棒交給下一名跑者。本書中所有概念的產生就跟這場接力賽一樣，第一個人在一番腦力激盪後，有一個新的想法，他/她帶著這個新的想法開始跑，不久之後交棒給下一位跑者接著繼續跑，再下一棒，再下一棒，就這樣不斷地將想法延續發展下去。

　　可是，通常這種想法的接力賽在傳到第三位跑者時，已不復它原來的面貌。本書的情形就是這樣。我會盡我所能的告訴你某個想法的出處。但千萬記住，那可能已非原創者當初創造出來的模樣。就像接力賽一樣，我可能是第二或第三棒，而我又將傳到手中的想法不斷地發展、延伸。所以儘管我是多麼地想要讓你們知道這些了不起的想法出自何處，卻又怕如此一來，我為這些原創者帶來的不是讚揚，而是不公平的批評。原因就在於，呈現在你們眼前的東西已經是我詮釋後的想法，不全然是原創者的本意。

　　現在該輪到你上場，將帶著這些概念繼續跑下去。所以不要以為你的任務只是把這些概念保存起來。相反地，你應該仔細地思索這些概念，去蕪存菁，再用自己的方式表達出來。這些概念本來就不該束之高閣，而是應該印證到你的生活中，再進一步分享給週遭的人。

　　於是，我親愛的讀者，在你眼前的本書，就是你的接力棒，好好的，盡你所能的去跑吧！微風吹過你身旁，太陽暖暖地照在你臉上，伸展你的雙手，人生還有許多美好的事物等待你去發掘，去品嚐。再會了！

Richard N. Bolles

目　錄

CH 5　邁向更均衡的生活：終身休閒　183

CHAPTER ONE
人生裡的三個箱子

　　有時候，我常會有一種被「困住」的感覺，不管是被生活或環境困住。你應該也有過類似的經驗，像被囚禁在一個框框裡，動彈不得，無法掙脫。不過，隨著年紀的增長，當人們慢慢學會了如何處理這種不安的情緒之後，這些困住自己的框框，我們姑且稱之為「箱子」好了，似乎也就不再這麼令人懼怕了。這算是長大的好處之一吧！在成長的過程中，我們必須學習去處理幾個主要的「大箱子」，也就是人生的三個大箱子：學習、工作和退休。

　　我們一般並不是用「箱子」來稱呼這三件人生大事的。想像一下，在一個夏日的午後，你躺在山坡上，暖暖的陽光灑在身上，你將雙手枕在腦後，凝視晴空，思索著人生的奧秘時，想起人生有三個「階段」。第一個階段是「受教育」，第二個階段是「工作謀生」，而第三個階段，也是最後一個階段是「退休後的生活」。理論上來說，我們人在地球上一生的生活軌跡就像下面這個圖：

教育的 世界	工作的世界	退休的 世界

不過，實際上，這三個階段的比例並非完全如圖示這般。首先，教育和退休這兩個階段所佔的比例有越來越重的趨勢。這一方面顯示，有越來越多的人選擇繼續進修，延緩進入「工作」階段的時間；另一方面透露的訊息是，也有越來愈多的人選擇提早退休，邁入人生的第三個階段。在這種情形下，這三個階段的實際分佈圖比較像下面這個樣子：

教育的 世界	工作的世界	退休的 世界

再者，這三個階段有彼此獨立而單獨存在的傾向。大家常把這三者當作是不相關聯的三件事，而沒有事先為接下來的階段作準備。學生們普遍覺得，學校並未提供足夠的訓練，能協助他們在畢業後順利找到工作；同樣的情形也發生在即將退休的上班族身上，他們覺得整個大環境未能給予適當的協助，讓他們為「退休」做好準備。所以，就這三個階段各自獨立而單獨存在的性質

來說，它們看起來，或感覺起來，就例如三個獨立的「大箱子」一樣。

再仔細看看我們在這三個階段的生活狀況，或許更能瞭解為什麼說它們像三個大箱子。先從花在教育的時間來說，在第一個箱子裡時（從 5 歲到 18 或 22 歲），我們習於將大部份的時間用來學習；

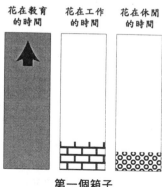

花在教育的時間　花在工作的時間　花在休閒的時間

第一個箱子

但在第二個箱子裡時，正規教育相對地只佔生活中的一小部份。在這個階段，學習只是為了要提昇工作技能，或為了換工作而做的準備而已；

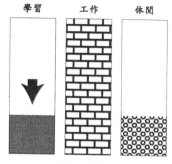

學習　工作　休閒

第二個箱子

等我們到了要進第三個箱子的年紀時（大約是 50 到 68 歲），花在學習上的時間更是少之又少，畢竟到那時我們的腦袋可能已經退化的差不多了！

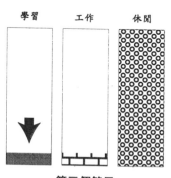

學習　工作　休閒

第三個箱子

接下來，說到我們在這三個階段花在工作上的時間，分佈情形也是相當的不平均。在第一個箱子裡時，社會並不希望我們花很多時間去工作，頂多打打工、賺點錢，支付受教育所需的費用。

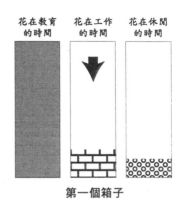

第一個箱子

如果我們對這種情形有所抱怨的話，通常得到的反應是，「雖然現在你無法如願與盡情地工作，別著急，等畢了業，你要做多少就做多少，做到死都行！」。事實也是如此，進入第二個箱子之後，我們花在工作上的時間，多得絕對足以彌補在上一個階段裡的缺憾。

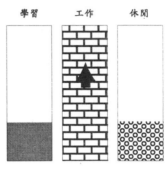

第二個箱子

不過，一旦進入「退休」的這個箱子，工作的需要不再那麼強烈，花在工作上的時間自然大大地減少，因為「退休」意味著離開職場，把工作崗位讓給年輕人。

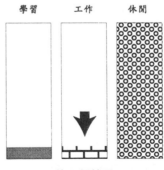

第三個箱子

最後我們們要看的，就是花在休閒娛樂上的時間。當我們還在「教育的大箱子」裡，我們時常受到告誡說，不可以過度沉迷在休閒娛樂上：短暫的休息只是為了充電，好讓我們能繼續用功。

在「工作的大箱子」階段，用相同的理由告訴我們，不可以太過閒散：暫時的休息是為了走更長遠的路一那就是繼續工作。如果我們不滿意這種情況，就會聽到熟悉的聲音再度響起，「雖然你現在無法如願的盡情玩樂，別著急，等你退休了之後，就可以愛怎麼玩，就怎麼玩，玩到死都不會有人管你！」這些話雖然聽起來很諷刺，不過卻是事實。曾經看過一則真實故事，講一對夫妻努力了大半輩子，就是為了有朝一日可以去百慕達玩一趟。等到他們真的可以實現願望時，其中一個人卻在出發的前夕心臟病發死了！

不過，這種不幸的可能性畢竟很低，所以我們還是可以期待退休後有盡情玩樂的時光。

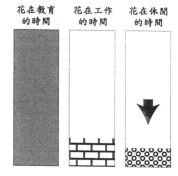

第一個箱子

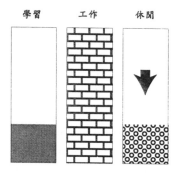

第二個箱子

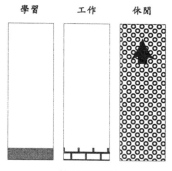

第三個箱子

綜合以上所述，我們發現，在這三個階段裡，人們花在學習、工作和休閒的時間非常不平均，就如下圖所示：

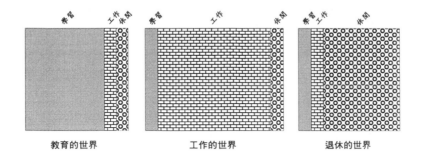

教育的世界　　　　　　　工作的世界　　　　　　　退休的世界

現在，我們想像是不是可以有另外一種情況，就是在這三個階段裡，學習、工作和休閒所佔的比例是一個較均衡的狀態。就像下面這個圖：

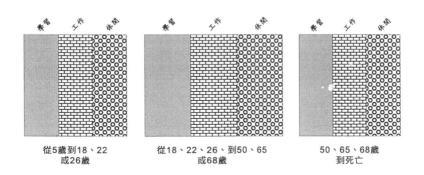

從5歲到18、22　　　從18、22、26、到50、65　　　50、65、68歲
或26歲　　　　　　　或68歲　　　　　　　　　到死亡

生涯規劃要做的事，就是研究如何架構出一個比較均衡的分配圖，這也是本書的重點所在。

瞭解處境

　　這三個階段都有一個共同的特點，就是不論在哪個階段，我們都會面臨許多問題和困難。我們在著手處理這些問題時，會發現這些問題其實有邏輯關係。我想，用下面這個例子來說明這樣的邏輯關係再適合不過了。

　　假設今晚你在自己的房間，自己的床上安然入睡。隔天一早醒來，你還在自己的床上，可是你卻不在自己的房間裡，而是在某個不知名的神秘叢林中！發生這種事，真把你給嚇壞了。在你四周盡是一些蕨類植物和高大的樹木、奇特的花、還有怪異的聲音，陽光透過樹葉灑在你身上，你腦海裡第一個想到的是「發生什麼事了？」「我在哪裡？」「我怎麼跑到這裡來？」「這裡有沒有什麼可怕的野獸、野人？」等等問題。在你思索出答案之前，這些疑問會縈繞在你腦海裡好一陣子，佔據你所有的心思，直到你找出滿意的答案為止。

生存之道

　　在你思索了一段時間，了解到自己目前的處境之後，接下來你面臨的第二個問題是「該如何生存下去？」。在我們設定的情境裡，「如何生存？」這個問題可分成好幾個部份來看。首先是肉體方面的存活：「這裡有沒有水和食物？」「我能適應這裡的氣候嗎？」「我能在惡劣的環境中生存嗎？」等等的問題；再者則是情緒層次的生存問題，「我在心理上是否已經準備好，能夠適應這個新的角色？」；還有精神層面的生存，「在這裡發生的一切，是否會改變我的信念、我的價值觀？」；如果你是在都市叢林裡，就還有經濟問題必須考量。在你替這些問題找到出路之前，可能沒有辦法想其他問題。

意義或使命？

　　下一個問題叫做「意義或使命？」。在你對自己的處境有一個大略的瞭解，也找出生存的方式之後，接下來你可能要開始考慮，該如何支配你的生活。針對這個問題，一般有以下四種處理態度。

1. 「每天最重要的事就是，要保持忙碌。」如果這是你對「如何支配你的生活？」的答案，那你可能會想「我每天早上醒來時，要先想好今天一整天要做的事，這就是我的計畫。」當然，你也可以：

2. 「光是保持忙碌是不夠的，我更希望能從忙碌中獲得樂趣，所以我要找出自己最喜歡做的事。」如果這是你的想法，你首先得知道有哪些事能帶給你樂趣，是曬太陽呢？還是做木雕？或在瀑布下沖涼？對自己喜歡的事物有清楚的瞭解之後，你的目標就是將大部份的時間花在喜歡做的事情上，至於那些不是太感興趣的事，就不用太浪費時間了。日子一久，這個答案可能不再能滿足你，你想要有別的選擇：

3. 「光是做喜歡的事情還不夠，我希望能做些賦予我生活意義的事。」你可能要花一些時間思考這個亙古以來困惑所有世間男女的問題，也就是「存在的意義」。每個人對這個問題的答案不盡相同，你可能會選擇助人為你的解答。不論你的答案為何，你已經將你的人生從「忙碌」、「獲得樂趣」提昇到更深層的「意義」層次。而那些對你而言有意義的事，將會是決定你該如何運用時間的重要因素。

4. 在「意義或使命」的大標題下，還可以有第四種解答，

那就是找出人生的終極目標或使命，這必須是一個能夠
激起你心中熱情及使命感，願意犧牲一切去達到的目
標。用我們的「叢林奇想」的例子來說，你可能想要蓋
一個舉世無雙、與眾不同的樹屋，用一些沒有人用過的
材料，革新所有建築的法則，讓自己在樹屋的建築史上
留名。也正是這種熱情將各行各業的人士帶上成功之
路。

成效的評估

在你決定了要用哪種態度來面對你的人生，支配你的生活－
你可以選擇「保持忙碌」、「獲得樂趣」、「追求人生的意義或使
命」－之後，剩下的最後一件事你必須考慮的就是「成效」。成
效評估是一種自發性地評鑑自己的表現之作為，看看自己是不是
能夠有成效地做好每一件事，而非只是做完而已，目的是為了督
促自己，能把事情做得更盡善盡美。

生涯規劃：掙脫人生三大桎梏

金字塔

　　「瞭解處境」、「生存之道」、「意義或使命」、「成效評估」這四個問題是每個人在人生的不同階段都會面臨到，我想，用金字塔的方式來呈現這四個議題最為恰當。就像古埃及人建金字塔一樣，我們處理這四個議題的方式要從最底層著手，一次往上處理一層。

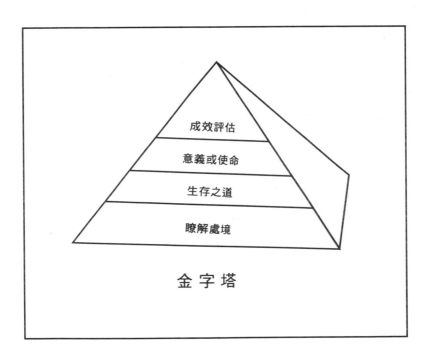

金 字 塔

箱子與金字塔

　　如上所述，這個金字塔代表了我們一生各階段都必須面臨的問題。不同點在於，在第一個箱子裡所找到的答案，並不一定能適用於第二個箱子。

　　一開始，當我們處於學習的階段時，我們很自然的會找出自己對這四個問題的解答，並習於依自己的需要生活著。然而一旦進入了另一個「工作的階段」時，我們會發現，環境變了，生活方式變了，第一階段的思考模式和解答也不再適用於第二個階段。所以我們得重新從最底層的問題開始思考，我們的處境是什麼，我們要的是什麼？到了要退休或退休之後，又會再一次重複同樣的步驟。所以總括來說，我們在人生當中大致得重複這樣的過程三次。

　　但是這種金字塔的型態，跟人生三大箱子間還有更密切的關係嗎？因為我們進入每一個階段時都必須重新思考金字塔上的問題，使得我們會認為或感覺這三個階段就像三個分開的大箱子一樣嗎？其實，如果處理得當，「箱子」和「金字塔」之間是可以有更正面的關係。

　　如果我們的教育當局能夠認知到一項事實，就是當學生離開了「學習」的階段之後，將會邁入另一個嶄新、全然不同的「工作」階段，在這個體認下，教育者如果能夠事先教導學生，使他們對下一階段的生活有多一點的瞭解和認識，那麼這兩個箱子之間的距離就不會顯得如此之大，如此難以跨越了。同樣地，如果雇主們能夠體認到，員工甚或自己本身都終將邁入「退休」的階段，並能事先為自己和員工做好準備，對下一階段的生活多一點瞭解，或許就能避免產生太過恐慌的心理。這樣一來，也能避免人生的三個階段過於孤立，變成所謂的「箱子」了。

正因為每個階段都是全新的局面，再加上我們常在毫無準備的情況下被迫面對全新的環境，這加深了每個階段之間的鴻溝，越到後來，我們所面臨的問題也會越來越多。所以在箱子與箱子之間的過渡時期，我們需要一些顧問來協助我們。這些顧問我們稱之為「暫時的守橋員」，他們站在通往下一個階段的橋口，協助我們能更順利地通過銜接箱子與箱子之間的橋樑。所謂的教育家和雇主們，必須暫時充當這些顧問的角色。注意了，他們作的只是暫時性的顧問工作而已，因為我們每一個人都必須努力把自己準備好，以應付接下來的挑戰，而不只是把責任推給特定的某一個人，以為這樣就能了事。

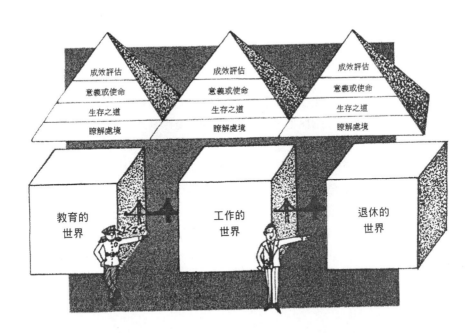

解決「箱子」現象的方法

如何消弭「箱子」與「箱子」之間的隔閡，大體來說有兩種方法。第一種是從較大的體制著手，修改法律或改變制度，合法的改進現有教育制度的缺陷，增加職前或職業訓練的機構，並改善退休後的環境等等。這種方法因為改變整個體制，非常全面性。但缺點是，只能以漸進的方式來立法或組織機構團體以達成目標，所以成效較慢。除非用強力革命的方式，一舉顛覆既有的律法和制度。然而，體制的改變必須面臨的問題很多，所以有其困難和侷限。

第二種方法是從個人著手，讓每個人都有能力至少去改變自己的生活。事實上，從個體著手也是改變體制的一種方法。因為如果體制下的每個人都想要改變，那麼體制必然會跟著改變。或者說，如果每個人都想要改變，那體制實際上就已經改變了。

本書的重點

本書是一本提供如何從個人做起的書，這並不是否認改革體制的重要性，相反地，我絕對相信改變體制的必要性。但本書著重在教導個人如何在體制未改變之前先從自己做起，也就是說，每個人都先審視自己的生活，負起責任，再逐漸地從個人延伸到社會，進而帶動整個體制的變革。

這是一本告訴你在人生最重要的三件事—學習、工作和休閒—當中如何取得平衡點的工具書。如果每個人都能夠善用本書中的工具，也許有一天我們真的能看到體制改變的一天——箱子不見了！取而代之的是，整個社會將學習、工作和休閒這三件事視為每個人一生中最必要也是最重要的三件事。

當一個人知道他即將在二星期之後受絞刑而死時，他的心智將集中得無以倫比。

Samuel Johnson, 1777

CHAPTER TWO
如何跳脫箱子情結：生涯規劃

在人生當中，你可能會需要一些「工具」，來輔助你在學習、工作、和休閒這三者之間，取得一個適當的平衡點。這個工具我們一般稱為「生涯規劃」。

「生涯規劃」這個概念在現今的社會上可說已經相當普遍。各種不同年齡層的人，例如大學生、想重回職場的家庭主婦、還有即將退休的人，他們現在大多懂得預先規劃自己的未來生涯。事實上，目前市面上也有相當多的文章或評論在討論「生涯規劃」這個議題。但是我們也發現到，在這麼多人所提出這麼多不同的論點當中，常有某些觀念和方法是互相衝突的，雖然它們都有一個相同的最終目標，就是希望協助你替自己的生涯作出最適當、最好的安排。會有不同的觀點，其實也無可厚非，這也是為什麼「生涯規劃」始終未能成為一門正式學科的原因。因為，並不是每一種方法或論點都可以適用於每一個不同的個體，例如感冒要吃藥一樣，並不是每種感冒藥都能適用於每一種症狀，總還是得對症下藥才行。

儘管如此，在經過長時間的探討、研究和實驗之後，我們歸納出一些確切的要點，包括何謂「生涯規劃」，如何妥善安排自己的生涯，怎樣做好事先的規劃，以及該有何種生活態度等等。我們希望能與大家分享這些心得，因為我們相信，不管對任何人來說，這些都是很重要的概念。

生涯規劃的定義

　　所謂的「生涯規劃」，是非常全面性的。總括人的一生將要面臨的事情，從青年、中年，一直到老年的一切活動，包括學習、工作及休閒等，都涵蓋在「生涯規劃」的課題裡。但大致來說，要瞭解什麼是「生涯規劃」（Life/Work Planning），我們可以從其中的兩個重點來看，一是生活（Life），二是工作（Work）。先從「生活」這一部份來看，「生涯規劃」顧名思義就是要為一生的生活作個安排，讓生活能更美好、更圓滿、更有意義。所以一個良好的規劃，影響是非常深遠的。我們必須面面俱到，找出最能使我們受益無窮的方法，作出最適當的安排。再者，「生涯規劃」意味著一種終身性及持續性的思考和規劃。在為自己規劃的過程中，所學到有關思考和規劃的方法並不是用過一次就可以忘了，而是能讓你一生都受用無窮。

　　另一個重點是每個人都必須面臨，且要提早做好準備的，那就是「工作」。不用說，工作佔據了人一生中大部份的時間，是一個很重要的階段。比起學習和退休，它是人生三個大「箱子」當中最難處理、狀況也最多的一個。人們常常因為在這個階段中，或在進入這個階段之前，遇到困難和問題，進而興起要做「生涯規劃」的念頭。這話怎麼說呢？舉個例子來講，你可能會對你的學習環境或學習成效感到不滿，你也許會抱怨休閒娛樂的時間不夠多，這樣的問題可能會給你帶來一些困擾，但你並不會

因此產生危機意識。但如果你失業了，或剛踏入社會一直找不到工作，可就是一件很嚴重的事了。你會開始後悔沒有事先做好「生涯規劃」。遇到這樣的情形，會迫使你去思考，甚至正視「生涯規劃」的重要性。

然而，知道「生涯規劃」的重要性是一回事，但實際上到底要如何做生涯規劃又是另外一回事。「規劃」這個詞，每個人都可以有不同的詮釋。許多人第一次聽到「規劃」這兩個字時，腦海裡首先聯想到的就是一個時間表，詳列未來的一年、兩年、五年，甚至是十年的時間裡計劃要做的事情。我曾經認識一個人，固定每三年，在同一天換工作，不早也不晚，一步步嚴守著自己訂定的時間表生活著。這麼看待「生涯規劃」其實是非常表面的。想想看，未來有著多少我們沒有辦法預測的未知數，不論你如何精心設想、規劃，仍然可能有意料不到的事情發生，根本無法完全照著自己所設想的去做。所以，在這樣的情況下，我們應該做的是準備好自己，充實自己的知識，定下一個自己想要達成的目標，然後規劃出一份藍圖。這樣一個事先準備的功夫，使我們能更懂得利用每一次的機會，知道如何將危機化轉機。沒錯，我們不能預知未來會發生何種狀況，但是如果我們可以事先準備好自己，那不管事情順利或不順利，我們都能夠從容以對。

「規劃」兩個字真正的意思，如果不是寫下一步步遵守的時間表，那又會是什麼呢？ 我想「規劃」應該包含三個過程：

1. **在腦海裡虛擬出畫面：** 現在請你回想一下過去的兩個禮拜裡，你經歷過最快樂的時光。這時候在你腦海裡閃過的，應該是一幕幕當時的畫面吧！這樣簡單的觀察顯示，人的回憶是由一幅幅的畫面組成的，只有當你要寫下來時，才會運用文字來記述。回想過去的片段是如此，那何不把未來的情景，也想像成一幅幅的畫面呢？

想像自己未來會喜歡做何種事情，喜歡何種環境等等。常常有很多人在失敗之後才發現，自己想要的東西是什麼。然而人生就像一班單程的火車，無法再重來。有過這種遺憾的人一定不少，所以「生涯規劃」就是協助你把自己所盼望的生活，在腦海裡先勾勒出一個概括的輪廓，等到機會來臨時，你就能好好把握住，不會再錯失良機而懊悔不已。

2. **事先模擬所有的選擇：**如果人類的壽命不是這麼短暫，每個人都可以活到 500 歲的話，或許我們就不需要作什麼「生涯規劃」了。在這麼長的時間裡，我們可以盡情地體驗，去感受各種不同的人、事物和環境，我們可以一一分析，從這些經驗中找出什麼是自己想要的，和不想要的生活；自己擅長的有哪些，不擅長的又是哪些。然而，我們都知道事實並非如此。正因為人的一生太過短暫，世上卻有太多的選擇，所以我們才需要在這麼多的可能性和不同的選擇當中，先試著想像一下，哪些較適合自己，哪些又是自己較喜歡的，再決定可能走的方向。就像下面這兩張圖，你可以很清楚可以看到有沒有預先模擬的差別：

從上面這個例子可以很明顯看出，有事先做「生涯規劃」，結果一定大不相同。但千萬不要以為只要做了生涯規劃，就一輩子都不會走錯路。即使是一些可以稱得上生涯規劃的高手，有時候都免不了犯錯。我想說的是，事先為自己的生涯做有系統的規劃，絕對可以幫你把選擇錯誤或走冤枉路的機率降到最低。

3. **準備 B 計畫：**這個步驟就例如登船前先備好救生圈，或上飛機前先綁好降落傘一樣，再說得白一點，就是作

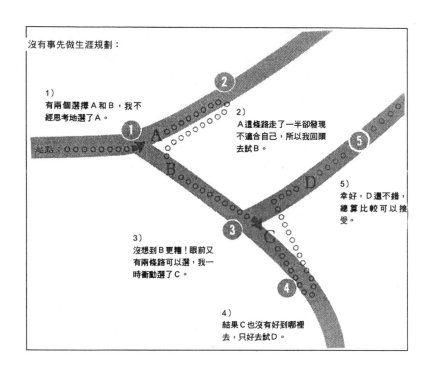

沒有事先做生涯規劃：

1)
有兩個選擇A和B，我不
經思考地選了A。

2)
A這條路走了一半卻發現
不適合自己，所以我回頭
去試B。

起點：

5)
幸好，D還不錯，
總算比較可以接
受。

3)
沒想到B更糟！眼前又
有兩條路可以選，我一
時衝動選了C。

4)
結果C也沒有好到哪裡
去，只好去試D。

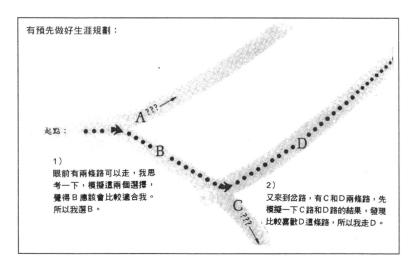

有預先做好生涯規劃：

起點：

1)
眼前有兩條路可以走，我思
考一下，模擬這兩個選擇，
覺得B應該會比較適合我。
所以我選B。

2)
又來到岔路，有C和D兩條路，先
模擬一下C路和D路的結果，發現
比較喜歡D這條路，所以我走D。

任何事之前都先要準備一個後備計畫，也就是 B 計畫。不管你用哪種比喻，這個步驟的重點在於，不要將所有的雞蛋都放到同一個籃子裡。當我問一些求職者，最近工作找得如何？他們會很高興的跟我說，「情況還不錯！我聽說某某公司現在有一個很適合我的職缺。下個禮拜我就要去介紹自己，跟他們約個時間面試。我想，這份工作應該非我莫屬了！」這時候，我的反應會是（當然要先附和一下，深表同感地說事情應該會如願。）「可是，萬一沒成功的話，你的 B 計畫是什麼？」通常，講到這裡，他們會很驚訝的看著我，遲疑的說，「嗯，我沒有想這麼多⋯」預先衡量所有可行的方案，是為了危機發生時，可以立刻有備用的解決方案。事前評估狀況，列出所有的選擇，再依自己的偏好排出順序，這樣一個步驟並不只專用來處理危機，更應該是一種面對人生的態度。假如你今天要去拜訪一位住在五十哩外的親戚，你當然很熟悉常走的路徑。可是，如果這條路因為車禍或其他因素被封鎖了，你豈不是沒有第二條路可走？但如果你能在上路之前，查看一下地圖，找出另外一條可行的道路，給自己多一個選擇豈不是更好！

　　天有不測風雲，隨時準備好 B 計畫是一種很正確的態度，試著把它培養成一種習慣。不管在做任何事情之前，先多方考慮，多想幾種可行性，以備不時之需，這樣做是很有幫助的。

換 B 計畫

在一天的工作開始之前，寫下當天要做的五個決定，列在 A 欄（如下圖）。接著在 B 欄列出如果前述決定行不通的話，可以採用的 B 計畫。

B 計畫一周圖：

例如：

A 欄
決定做的事情：
今天去城裡自己最喜
歡的鞋店買鞋。

B 欄
可替代的計畫
（計畫 B）

	A 欄 決定做的事情：	B 欄 可替代的計畫（計畫 B）

第一天
1 _____   _____
2 _____   _____
3 _____   _____
4 _____   _____
5 _____   _____

第二天
1 _____   _____
2 _____   _____
3 _____   _____
4 _____   _____
5 _____   _____

第三天
1 _____   _____
2 _____   _____
3 _____   _____
4 _____   _____
5 _____   _____

第四天
1 _____   _____
2 _____   _____
3 _____   _____
4 _____   _____
5 _____   _____

第五天
1 _____   _____
2 _____   _____
3 _____   _____
4 _____   _____
5 _____   _____

第六天
1 _____   _____
2 _____   _____
3 _____   _____
4 _____   _____
5 _____   _____

第七天
1 _____   _____
2 _____   _____
3 _____   _____
4 _____   _____
5 _____   _____

我們每天都在做「生涯規劃」

多數人在聽到「生涯規劃」這個詞時，可能會因為陌生和不熟悉的緣故而遲疑不前，不知如何開始。但事實上，我們每個人每天都在實行「生涯規劃」而不自知呢！打個比方好了，你星期天早上起床，盤算著你今天想做的 8 件事，經過一番考量以後，你決定只把其中的 3 件付諸實行，這就是一種最原始型態的「生涯規劃」。比如說，你想為即將來臨的暑假做規劃，想像著有哪些事是特別想要做的，這也是一種「生涯規劃」。

換句話說，「生涯規劃」這個字眼你可能不太熟悉，但這個動作本身，你應該不會太陌生。因為你可能正不自覺地以不同型態的方式，進行某種「規劃」。現在，本書將提供一些較有系統的方法，讓你在經過一番思考之後，能將「生涯規劃」更加落實到生活的每一層面。就好像有一天，你決定要把「走路」這個活動當作每天的運動。很明顯的，「走路」對你而言一點也不陌生，你每天都在走路！每個人都曾在住家附近隨意散散步，或走個十分鐘到附近的商店買東西。它並不是一個你需要開始去嘗試、學習的新活動。但是如果你要把「走路」當作一種健身的活動時，情況就會有些許的不同了。你可能必須很專注地，以較快的速度，像競走般地運用到全身每一部位的肌肉，每天走上一個小時，而且要持之以恆。這樣一個概念的延伸，就是本書所要做的。本書提供你工具，將你原本可能只是很隨意、突然興起訂定計畫的「念頭」，以較有組織且具體的方式，讓你持續並專心的作安排，進而達到真正的「生涯規劃」之目標。

我沒有時間啦

如果你今天是在學中，或待業中，或正在渡假，「時間的掌

握」對你而言並不是個問題。可是如果你是個上班族，或你整天忙忙碌碌，每天都有做不完的事情的話，那你可能會說，「我沒有時間去做什麼生涯規劃啦！」

　　但如果是很重要、非作不可的事情，大部份的人都會盡可能的騰出時間來。所以，你必須捫心自問，「生涯規劃」在你心中的優先順序為何？在你回答這個問題之前，我想先提醒你一件事，如果和「一生」的時間相比，做「生涯規劃」所花的時間真的不多。而且你跟我一樣清楚，如果沒有事先做有系統的「生涯規劃」，你我的一生就會在不斷地盲目摸索、嘗試、碰壁和犯錯的過程中渡過，就這樣浪費了許多時間。這樣比較起來，用來思索、規劃生涯的時間其實並不多。想想看，只要花點時間做好規劃，我們可以省下多少嘗試或犯錯的時間啊！

　　你可能會覺得做生涯的規劃是很艱鉅的工作，除了要有決心和毅力之外，還跟這項工作的本質息息相關，因為你必須在腦海裡拼湊出圖片來。就像拼圖一樣，你必須把所有的小圖塊都先湊在一起，再一片一片地把它們拼成一幅圖。除了要很有耐心地一直做到整個完整的圖出現在你面前之外，最困難的地方在於你必須要努力地思考，認真的想著每一個圖塊要放在哪個位置才最恰當。有很多人寧願盯著電視機讓自己的腦袋一片空白，也不願意動腦筋去想一些人生當中最重要的課題。這有點像是一種交易，你是寧願現在先花點時間，省去將來不斷嘗試，走錯路的時間呢？還是寧可把時間花在尋找和錯誤上頭也不願先花時間思索，摸清楚方向呢？你自己決定吧！

　　本書所做的就是提供你一些工具，協助你拼出你的人生之圖。我們試著把這些測驗設計的生動有趣，讓你做起來不但很愉快，同時也讓你認真的思索自己未來的人生道路。

實用測驗一

　　關於人生三大事的分配圖，你可以有全然不同的想法，畫出你理想中的圓，再比較一下你所期望的分配圖和實際狀況有多少差別：

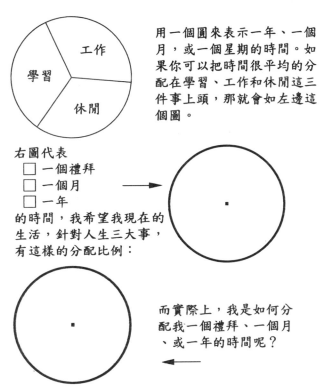

用一個圖來表示一年、一個月，或一個星期的時間。如果你可以把時間很平均的分配在學習、工作和休閒這三件事上頭，那就會如左邊這個圖。

右圖代表
　□ 一個禮拜
　□ 一個月
　□ 一年
的時間，我希望我現在的生活，針對人生三大事，有這樣的分配比例：

而實際上，我是如何分配我一個禮拜、一個月、或一年的時間呢？

　　如果你覺得這個測驗太難，實在不清楚自己的時間分配情形，沒關係，我們還有實用測驗二：

人生三大事的時間分配日誌：

　　以一個禮拜為期（你也可以把下面這個圖表拷貝三份，作成月誌），將你在每個項目上花的時間（幾小時或幾分鐘）填入下表。

三個箱子的時間日誌	週一	週二	週三	週四	週五	週末	週日	一週合計
學習／教育								
閱讀書籍、雜誌、報紙、期刊								
電視教育節目								
日校								
夜校								
週末研習會								
研究／家庭作業								
其他學習活動								
學習時間小計								
工作								
全職工作								
兼職工作								
義工								
在家工作								
通勤時間								
其他工作活動								
工作時間小計								
休閒								
看電視								
與親友社交								
愛－施與受								
遊戲、運動								
閱讀閒書								
其他休閒活動								
休閒時間小計								
例行活動								
吃、準備餐點								
睡覺								
個人清潔、穿衣								
健身								
整理家務、雜事、購物等等								
其他								

每個禮拜結束時，算出分別用在學習、工作和休閒三方面的總時數，再標示在圖表上。

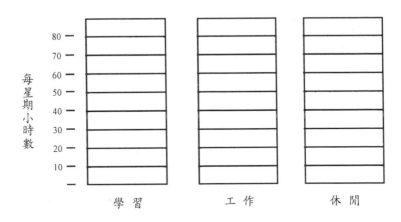

　　以柱狀圖呈現，就會像以下的樣子：

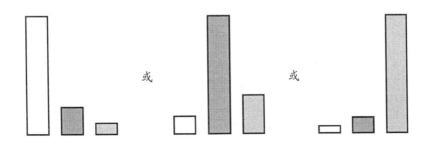

　　經由這樣的圖表呈現，可以讓你很清楚的發現自己目前的問題，你是否已陷入學習、工作或退休的其中一個箱子而不自知？

受害妄想症

如果你有一定程度的受害妄想症，那麼很不幸的，本書所要教給你的技巧和方法，效用可能會大打折扣！有受害妄想症的人通常有以下特徵：

「我的生活受到強大外力的支配，我完全沒有辦法掌控我自己的命運，所以我是…（以下選項至少勾選四個）的受害者：

- 我的過去、我的成長背景、我的性別、或遺傳。
- 我的社會地位、教育程度、或智商的高低。
- 我的父母、老師、或某個病重的親戚。
- 我的另一半、丈夫或妻子。
- 我的老闆、長官或同事。
- 經濟制度、我們成長的年代、社會結構或政府。
- 政客、大企業家或有錢人。
- 某個具有強大力量的特定敵人，追著我不放：債權人、前任男友或前任女友、或惡魔。

所以我對人生有什麼想法，有所希冀又如何呢？我的力量相較之下是那麼的渺小，那麼的微不足道，反正不管我如何做結果不都是一樣嗎？又何必那麼辛苦呢？」

有受害妄想症的人通常缺乏責任感，因為他們認為自己是受迫害的一方。既然所有發生的事都不是他/她所能控制的，所以就不必再去多付出努力，設法改變什麼了。不可否認的，從某個角度來看，每個人都是一定程度的受害者，有很多外在因素是我們無法控制、無法避免的。就像地震或風災發生時，我們會有一種無力感，覺得人力非常渺小，誰也沒有辦法阻止這些自然災害的發生。更有甚者，我們生活在所謂的核武世紀，誰也不知道什

麼時候哪個擁有核子武器的國家會決定發動戰爭，把整個世界給毀滅了！像這樣的感受是每個人都會有的。撇開這些不談，社會上有一群真正的受害者：少數民族，或貧困、較低下階層的人，他們的確受到社會上的大多數和當權者實質上的迫害、歧視，以及不公平的法律對待等等。

然而有一件事情我們要分清楚，「受迫害者」和有「受害妄想症」這兩種人之間，有很大的差別。儘管在某種程度上，我們都是受迫害的一方，但受迫害並不表示默默承受，放棄反抗的權利。相反地，「受迫害者」會試著對抗外界強大的壓迫，儘管自己的力量薄弱，卻仍勇敢面對強權，試圖改變困境。但是有「受害妄想症」的人會認為，就算努力了也沒用，於事無補。這意謂著他們放棄了任何的希望，連嘗試去改變都不願意。

我想說的是，我相信每個人所擁有的潛力絕對比他/她所想像的更強大。我本身就看過很多這樣的例子。大約在幾年前，一位朋友請我幫一位名叫瑪莉安的女子進行輔導。這名女子在很年輕時就患有肌肉硬化的疾病，身體的癱瘓使得她不良於行。朋友告訴我，曾經有位神經學家試著治療她，卻束手無策。還有一位有名的精神病醫師也說她的情況是無法治癒的。最後朋友介紹她來看我。我還記得我們第一次見面時，她步履蹣跚，極度困難的走進我的辦公室。我問她：「妳有什麼感覺？」她說：「絕望。」我問她：「為什麼？」她說：「所有治療過我的專家們都說我沒救了，他們告訴我，我必須學著接受這個事實。」接著我又問：「妳知道什麼是肌肉硬化嗎？」她說：「我不知道。」我說：「我也不知道。但是我們假設，妳的病有98%的部份是一種生理上的疾病，由某種病毒所引起的，妳無法控制它，連醫生也束手無策。那剩下2%的部份，或許就是妳可以掌握的。這個部份可以由妳的情緒、妳的心智力量及妳的潛意識來操控。既然現在那

98％我們無可奈何，我們何不專注在那剩下的2％呢？」經過這一次談話之後，她答應定期來找我複診。我陪她一起針對那2％的可能性作努力。不久之後，她行動不便的情況竟漸漸的改善了，慢慢的，她可以像正常人一樣的過生活，現在甚至成為知名的服裝模特兒。她能有這樣的成果，都歸功於她能夠不放棄希望，堅定的相信自己有力量去操控自己所能掌握的部份，並不斷的努力。

我提出這個故事，目的就是要讓大家知道一個我所深信的事實，就是，儘管在生活當中有這麼多我們無法控制，無法改變的部份，但總還是有我們可以發揮，可以努力的地方。不要小看那些2％、3％，如果我們能在這些地方多下功夫，相信結果會是超出我們想像的豐碩。

我再舉一個例子。我認識一個人，他曾經有過類似的經驗。他已婚，但是他跟他太太之間的關係一直不是很好，他甚至考慮過要離婚，為此他去尋求婚姻諮商的協助。婚姻顧問詢問他婚姻的詳細狀況。他說：「我太太整天都嘮叨個沒完。有一個晚上，她要開會晚點才能回來，我說那我就待在家裡照顧小孩，督促他們準時上床睡覺。我還把廚房裡堆了一天的髒碗盤洗乾淨。可是她回來時有對我說一句貼心感激的話嗎？沒有！她只看見桌上有一個我不小心漏了沒洗的髒盤子，就大聲的指責我為什麼少洗了一個盤子！」哪個顧問卻反問他：「很有意思，那你為什麼要留下一個盤子不洗呢？」他回去之後想了很久，他發現到，每次他太太叫他做某件事時，他總會故意留下一小部份沒做完。他太太易怒的個性並不是結婚之後才有的，早在他們認識之前她就是這樣的個性。既然他沒有辦法改變她，那麼就用「故意不把事情做完」的方法惹他太太生氣，來對抗他沒有辦法改變的事實。換句話說，他並不如自己想像中的沒有能力，只是他太太暴怒之下的

受害者，相反地，他知道怎麼引發她憤怒的情緒。

在我們的生活當中常會遇到很多像這樣的情況。有些在我們看來，全然是由外在因素所造成的壓力，仔細想想，其中是否有些是自身的因素所造成的呢？所以，不要輕易的把責任都推到迫害你的人、事、物上，認為這樣就算了事，多想想自己能夠做的，努力嘗試去改變，這才是比較正確的想法。

問題和解決之道

人生當中分成三個階段的想法，在每個人的心中似乎已根深柢固：在你成年以前，要用功唸書；成年之後就必須努力工作；到了退休，你就什麼事都不用做。這樣的一個過程好像很合乎邏輯，再加上整個社會的體制與架構都是按照這樣一個三階段的過程去設計的（比方說，國民義務教育和退休年齡的限定），的確讓人很難反駁。可是如果你已經閱讀過前面關於「受迫害妄想症」的章節，你會瞭解到，雖然社會機制的力量是如此強大，並不表示你就完全的無能為力，運用自己的力量從改變自己的生活做起，你其實是可以有很多不同的選擇：

a. 從一天的時間分配談起，盡量讓自己在每天的生活當中都能兼顧學習、工作和休閒。比方說，你可以用早上的時間來閱讀，下午工作，晚上做些休閒娛樂的活動調劑身心。

b. 再來，我們談到每個禮拜的時間分配。你可以把一個禮拜七天的時間三天用來投入工作，兩天的時間可以拿來做一點休閒娛樂的活動或做運動，剩下的兩天則可以用來進修，讀點自己想要讀的書。

c. 接下來，我們來看每個月的計畫圖。十天用來讀書，十天用來工作，另外十天做休閒娛樂的活動。

d. 每年的時間分配圖。一年之中將 12 個月的時間平均分配，四個月工作，四個月休閒娛樂，四個月用來學習、閱讀。

e. 最後擴大來講每十年的時間分配：用四年的時間努力工作，再用三年讓自己的身心舒緩一下，然後花三年去學習新知。

　　我們在實行上面這樣一個時間平均分配的計畫表時，最常遇到的一些阻礙是：

　　1. **缺乏堅強的意志力去把計畫付諸實行**：當我們真正有較多的時間可以休閒或閱讀時，大部份的人反而不知道要做什麼。所以我們必須要有一個清楚且明確的目標，等到時機來臨，才不會不知所措。接下來的章節就是要協助你更清楚自己的方向，告訴你如何定出一個明確的目標。一旦弄清楚自己想要的到底是什麼，你就會盡一切努力去達成。所以你可以先想想何種學習環境是你所認同的，什麼樣子的休閒娛樂是你所想要的。

2. **沒有能力負擔學習或休閒所需的花費**：不可否認的，許多的休閒和學習是要花費金錢才能做到。然而大部份的人每月辛苦工作的所得都只剛好夠每個月的生活開銷，並沒有太多剩餘的錢可以拿來做別的事。儘管如此，這並不足以構成你朝目標邁進的阻礙。以一周的計畫來說，你可以拿五個白天的時間來工作，三個晚上的時間到住家附近的學校進修，週末則用來從事休閒娛樂的活動。

3. **重返職場的困難度**：這個問題的困難度會隨著你的年歲增長而增加，但實際上，不管你現在是在人生的哪一個階段，這都是你會面臨到的難題。如果每個人都有足夠的信心，知道自己即使短暫的離開工作崗位，去進修充電或放自己一個假，好協調疲累的身心，但是在假期結束後還是可以回到想從事的工作領域裡頭，這個問題就不會存在了。不過，大部份的人都沒有這樣的信心，這也是為什麼我們會謹守著三階段的過程——年紀輕時唸書受教育，畢業之後投入就業市場，一直到退休才有時間去放鬆自己——不敢隨便脫離「箱子」的範圍。解決這個問題的方法其實很簡單，就是一套有成效的求職方法。如此一來，我們就可以隨時離開職場去追尋自己想要的進步和成長，等到必要時再回來工作。在下面的章節裡，我們會談到這一套有效的方法，因為根據我們所做的研究，「美國職業發展計畫」，這一套方法適用於男女老幼，各個階層和各種不同情況的人。

再接下來的三個章節裡，我們要探討的是「終身學習」、「終身工作」、「和終身娛樂」。

有兩個人走在鬧區的街道上。其中一個突然說，「快聽！蟋蟀悅耳的叫聲！」可是另一個人卻什麼也沒聽到，他問他的同伴，「在這樣車水馬龍，人聲鼎沸的鬧市裡，怎麼可能聽得到蟋蟀的叫聲？」他的同伴是個動物學家，一向仔細聆聽大自然的各種聲音。他並未多做解釋，只是從口袋裡拿出一枚硬幣，放手讓它掉到地上，鏗鏘一聲，至少有十幾個人回頭看。他說，「我們會聽到，我們想要聽到的聲音。」）

CHAPTER THREE
終身學習

　　本章節討論的是「終身學習」的概念。近年來有越來越多人在工作了一段時間之後決定重回校園，這股「成年教育風」影響的範圍雖然逐年擴大，但整體而言，參與的人仍然只是少數，因為大部份的人還是有先入為主的觀念，認為唸書是我們從 5 、 6 歲到 22 歲才要做的事，過了這個年紀就可以跟學習說拜拜了！

重返金字塔

　　許多年前，一次旅行返家的途中，我在飛機上遇到一位女士。我坐靠窗的位子，她就坐在我隔壁。我發現她一直不自覺地按摩她的左手腕。午餐時刻我們閒聊了起來，她說因為她的左手腕曾經受過傷，上過石膏，到現在都沒有完全康復。她每天至少要花半個小時的時間按摩受過傷的部位，協助她左手腕的血液能夠循環正常。

　　我突然想起，她的例子不也正是現在很多年輕的莘莘學子的寫照。大部份高中生的生活，就有點像是被打上石膏一樣，完全

無法動彈，任憑別人幫他／她們做一切的決定。由所謂的大人們幫他們決定好該上哪所學校，要補什麼習，幾點以前該回家，幾點要就寢，每天要花多少時間做功課，幾歲才可以交男／女朋友等等。然而，等時間一到，他／她們高中畢業，這些大人卻突然放手不管了，簡單一句，「你已經高中畢業，是個大人，要開始自己做決定了！要繼續念大學嗎？要想清楚想念的大學和科系喔！要找工作？想做何種工作，想去哪一家公司上班？自己決定啊！你高中畢業，已經是個大人了，可以自己做決定。」這時候你會看到這些年輕的學子們呆在那裡，腦子裡一片空白，不知該如何是好。因為他們一直以來都沒有決定權，他們得花上一段時間讓腦袋裡作決定的功能慢慢開始運作，就像我在飛機上遇到的那位女士，每天按摩手腕好讓血液循環恢復正常一樣。在經歷過一段不知所措的時期之後，慢慢地開始對自己的未來做試探性的選擇。

教育的金字塔

假想你自己就是這樣一個高中生，畢業之後想要繼續升學。你可能對生活了幾年的高中生涯瞭如指掌，對我們金字塔的四個問題也有清楚的解答，心裡正想著，大學生活又有什麼困難的，要面臨的問題不都一樣嗎？沒錯，過程是差不多的，但是問題的答案可是大不相同囉！所以你還是得從底層開始，重新再爬一次我們的金字塔。你可能不會相信有多少的大學生，花了大學生涯近一半的時間去明白自己的處境，去試著瞭解這個新環境裡的一切，以及自己有哪些選擇等等。很可能的是，當他／她們真正找出所有問題的答案之時，也已經要畢業了，想到那些「可能、也許、曾經」，不禁令人後悔莫及。也有些人在大學四年的生活裡，只爬到金字塔的第二層「生存之道」，就停滯不前，沒有辦

法再進一步思考接下來的問題。但是如果有一種情況，是等到我們年歲稍長時才進入大學，或許我們就比較可能爬到金字塔更高的階層，去瞭解學習的「意義」，甚而提昇學習的「成效」。

　　所以如果我們將教育視為一種終身學習，我們會需要知道一些能協助我們順利爬到金字塔頂的工具。

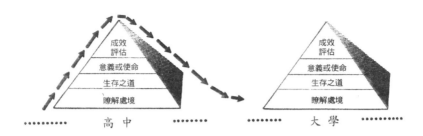

第一個問題：瞭解處境？

　　大多數的人都不知道學習的範圍很廣，選擇性非常的多。高中升大學時，我們通常會選擇父母或長輩上過的學校，或學校輔導老師建議的學校。換句話說，我們只看到一小部份的可能性，就從中選擇其一。待年紀稍長，我們收集資料的能力並沒有跟著好到哪裡去，還是不太能完全看清楚在我們眼前有哪些不同的選擇和機會。比方說，你可能會因為經濟因素的考量而決定到社區大學就讀，因為你以為這是唯一的選擇。但事實並非如此，應該說這可能是你所有選擇當中最好的一個，卻不是唯一的一個。

　　很顯然地，我們必須要有一套更好的方法來協助我們尋找資料，以通盤的瞭解教育系統和制度，並做出最適合自己的決定。一開始，我們可以先將所有的可能性找出來，把所有的學校都列進去，再就幾個大原則逐漸刪去你不想要的，或沒有興趣的。

教育系統概要圖

幼稚教育	幼稚園或托兒所		
初等教育	小學、特殊教育學校		
中等教育		中間學校　初中	初中、高中、合併學校
	綜合型高中、專門型高中、職業型高中、特殊教育學校、函授學校		
高等教育	專門技術機構、公立或私立職業學校、社區學院、函授學校、大學、職業技能認證計畫		
	碩士學位		專門學校（教育、醫學、神學、法律等）
	博士學位		
	博士後研究		
終身學習	技術中心、私立職業學校、社區學院（六個月至一年的課程；兩年的課程；三年的課程）、非營利機構針對特定對象所提供的訓練計畫（比如說：針對婦女、少數族群、有身心障礙的人等等）、政府的人力訓練中心所開設的課程、軍事學校、產業界提供的訓練計畫、社區開設的課程、一些團體機構或是學校甚至是個人所辦的工作坊、或是在家自習（電視教學的空中大學、函授學校、或是聽教學的錄音帶）		

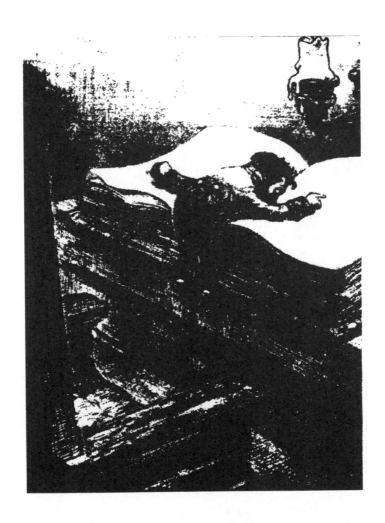

要做到這一點，首先你必須要瞭解自己想要學些什麼東西，還有就是要找出你覺得適合自己的的學習方法。舉例來說，以下是 1972 年針對美國成年人進修的理由所做得調查，主要原因有七大項。

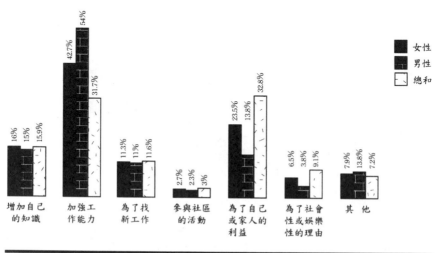

原因	實際數字			比例		
	總　和	男　性	女　性	總　和	男性	女　性
所有受訪者				100%	100%	100%
增加自己的知識	2,517,000	1,238,080	1,271,000	16.0%	16.0%	15.9%
加強工作能力	6,718,000	4,179,000	2,534,000	42.7%	54.0%	31.7%
為了找工作	1,778,000	851,000	927,000	11.3%	11.0%	11.6%
參與社區的活動	425,000	178,000	240,000	2.7%	2.3%	3.0%
為了自己或家人的利益	3,697,000	1,068,000	2,622,000	23.5%	13.8%	32.8%
為了社會性或娛樂性的理由	1,023,000	294,000	728,000	6.5%	3.8%	9.1%
其　他	1,243,000	665,000	576,000	7.9%	8.6%	7.2%
未答覆者	94,000	54,000	40,000	0.6%	0.7%	0.5%

一旦清楚自己要再進修的原因之後，就可以把一些跟自己志向不合的學校刪去。我要再次強調，本書是提供給你如何瞭解自身處境的方法（How），而不是直接告訴你答案（What）。因為隨著時間的過去，教育體系會不斷地改變，資訊科學的發達也會改變教學的內容，更新教學的形式，更不斷地會有新型態的學校出現。但是記住，瞭解的方法是不變的。

如何瞭解處境

　　以下是幾個步驟的詳細說明：

　　1. **綜觀全圖**：首先，針對自己有興趣的領域畫一張表，像上面的圖一樣把所有的選項都列出來，瞭解一下有多少的選擇。舉例說明，如果你想要上大學，那就把所有提供高等教育的學校全部列出來。照這幾個步驟做下來，你可能是像下頁左邊這張圖一樣，先有一個全盤的認知，然後再藉一些資料的輔助逐漸將範圍縮小，最後找到最適合自己的答案；或者是像下頁右邊這個圖，你剛開始只有一個模糊的概念，知道自己想要學點什麼，再參考資料和訪談相關人士，慢慢的對自己想學習的領域有更多更廣的認識，然後再根據自己的情況刪去不相符的選擇，最後得出結論。

　　2. **縮小範圍**：用刪去法則，在第一個步驟得出的全圖上，刪除自己沒有興趣的部份，把可能性的範圍所小。比方說，你高中畢業後想要念大學，那你就可以刪去其他跟這個無關的可能性，例如職業學校、技術學校等等的。又或者你今

1.

將所有的選擇列出，
做一個覽表

2.

縮小範圍

3.

參考資料

4.

訪談人士

5.

找到答案

1.

先有一個概念

2.

參考書面資料

3.

訪談人士

4.

對所有的選擇有一個
通盤的瞭解

5.

再用 2 跟 3 的步驟縮
小搜尋的範圍

6.

找出答案

天是 40、50 歲的中年人，為了「自己或家庭的利益」想要再進修，這就可以幫你把一些不符合的項目刪掉。你每做一次決定都會幫你縮小要繼續深入探索的範圍。

　　3. 參考資料：對自己的目標有一個較清晰的概念之後，第三個步驟是藉由參閱書籍和相關資料協助你再把範圍縮小。在閱讀這些書籍時記住一件事，那就是「盡信書不如無書」，因為每本書的作者都有可能會犯錯，每本書都有它的弱點，不要全盤、毫無主見地去接受書中所說的每樣東西（包括你現在看的本書！）。另外，還有一件要注意的事情是，每拿到一本書時，先看看它的出版日期和再版日期，由此來判斷一本書的內容是不是已經過時，是否仍有參考的價值。

　　4. 跟相關的人談一談：在你找資料的過程中，你可能會想要找個人談談，驗證一下書上說的準確性有多高。還有一種情形

是你找不到相關的資料，這很可能是根本還沒有人把這方面的研究寫下來！這個時候，你就必須要去找那些握有資訊的人談談。如果你恰巧是個很害羞的人，一向都不怎麼敢跟陌生人交談，偏偏你又找不到書面的資料可供你參考，這時你可能會有大禍臨頭的感覺。其實，你並不是唯一有這種困擾的人。甚至你的訪談對象，也很有可能是一個非常害羞的人。幾年前，史丹福大學曾經就「害羞」這個主題作了個研究，發現每兩個人裡面就有一個認為自己非常的害羞（這點我相信，拿我自己來說，儘管一年到頭我時常得站在一大群的人面前演說，但私底下，我其實是個很害羞的人）。所以，如果你自己就很內向害羞，不用擔心，你訪談到的對象很可能也是個很害羞的人。雖然你們雙方都很懼怕跟陌生人談話，但是我希望你知道，你們談論的是彼此共同的興趣，而非只是殺時間般的閒聊而已。假設，你想要知道有沒有名為「讓你更有自信」的工作坊，你可能會訪問一位曾經實際參加過這類工作坊的人士，這時你們的話題可以放在彼此共同有過的經驗上，也許可以作更進一步的討論。說起來，這個世界上沒有什麼比共同的話題更能開啟一段對話的了。如果你試過之後發現，仍然無法克服和陌生人交談的恐懼，這裡還有一個方法可以讓你稍稍寬心。既然這只是一個搜尋資料的過程，你可以找個同伴、朋友、兄弟姊妹或熟人，跟你一起去作訪談，請他／她們先引導整個訪談的過程，直到你掌握訣竅為止。現在，摒除「羞怯」這個問題不談，我們要開始想想： 1.要找誰談呢？ 2.要怎麼判斷他們告訴你的是不是真的？

　　首先，你要找到那些具備相關知識的人，或可以協助你找到前者的「中間人」。當然，如果你很快的就能鎖定訪談的對象，就不需要「中間人」了。要知道該找哪些人談，要先問自己幾個問題：我想要知道什麼？是哪一個領域、哪個範圍的事情？有哪

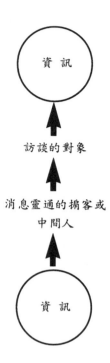

些人對我所想知道的事情有深入的瞭解？誰又可以幫我找到我要
找的人？「中間人」可以是你住家附近的圖書館員，也可以是報
紙、郵差、電話簿、電視或電台等等。善用你身邊的這些「中間
人」資源來幫你找到你訪談的對象。拿前面提到的例子來說，你
想要知道那裡有開設「培養自信心」的工作坊。在問過幾個朋友
之後，你很快的知道這類性質的工作坊大部份的成員都是女性，
所以你接下來可以鎖定「女性團體」。再藉著當地的報社、出版
商、電話簿等等的管道找出這些女性團體的住址和聯絡方式。鎖
定談話的目標後，接下來的第二個問題是：2. 要怎麼判斷他們
告訴你的是不是真的？我們常會不自覺地將別人的意見全盤接
收，所以，只訪談一個對象是不夠的。盡量多跟幾個人談談，這
個方法有點像是第二次世界大戰裡所用的三角測量法，當時就是

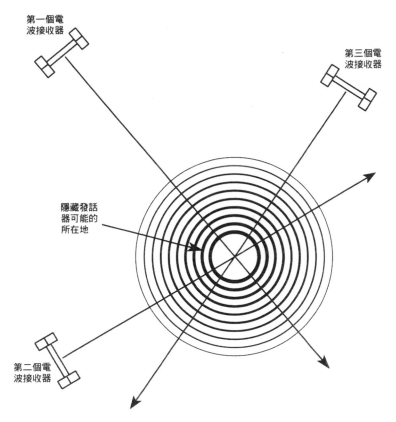

第一個電
波接收器

第三個電
波接收器

隱藏發話
器可能的
所在地

第二個電
波接收器

用這種方法找出隱藏式的無線電波發話器的。在三個不同的地點
放置電波接收器，三條電波交集的地方很可能就是發話器的所
在。而你所想知道的答案很可能就是三個不同的人都重複的地
方。這個方法並不是萬能的，它有一個例外的情況，就是「當你
所得到的答案都是否定的，而且你所訪談的對象因為個人的情感
因素而傾向告訴你一些否定的答案。」比方說，你的問題是，
「一定要有博士文憑才能當大學教授嗎？如果沒有的話可不可
以？」訪談的結果，有好幾位教授都告訴你這是絕對不可能的，
那依照前面我們說的三角測量法，你得出來的結論就是「要成為

大學教授一定要有博士文憑才行！」是這樣子的嗎？不盡然。因為他們告訴你的都是否定的答案，而且他們自己就是因為拿到了博士學位才當上教授的，所以他們當然會說沒有博士學位就不能當教授的話。這個時候，你應該把你的問題修飾成「如何才能成為一位大學教授？」然後去請教那些和這個問題比較沒有利害關係的人。你可以去問某大學的校長，「你是否曾經雇用過，或聽說過哪個學校有非博士的教授？」他可能會跟你說，「有啊！哪個某某教授他就不是博士，可是因為他在商業界的豐富經驗，所以雖然他只有商管碩士的學歷，我們還是聘請他來我們學校教書。」如此一來，你就可以去找這位教授，向他請教他成功的方法，再藉由他找到其他跟他有類似經驗的人，如此一來你才能得到較客觀公正的看法。

我之所以要花這麼多篇幅在這幾個步驟上面，是因為接下來我們在面臨「工作」和「娛樂」的金字塔的第一個問題「瞭解處境」時，同樣地也會用到這些方法和步驟。

第二個議題：生存之道

想像一下，有一位75歲，患有輕微性關節炎的老先生站在球場邊，手裡拿著球，正準備要上場比賽，這是他生平頭一次玩橄欖球。他是如此地專注，如此地緊張，想到他終於可以下場去比賽而不是像以往一樣做壁上觀，心中懷著種種複雜的情緒衝進球場裡。但，他卻忘了最重要的一件事，他連遊戲該怎麼玩，比賽規則是什麼都不清楚！你想他存活下來的機率有多高？把同樣的道理擺到教育的世界裡，我們一生當中眾多的學習機會就有如不同的運動遊戲，有些遊戲你可以適應的很好，遊刃有餘；但有些遊戲對你而言就像惡夢一場，因為你一開始就挑了一個不適合自己的遊戲。所以，在教育的箱子裡「存活」的第一堂課，就

是千萬記得要選一個適合自己的遊戲。下面有幾個問題可以協助你找出最適合自己的遊戲是什麼：

1. 如果你有機會再進修的話，你會比較喜歡哪一種學習方法？（勾選其一）
　□ 自己學習。
　□ 跟別人一起學習。

2. 如果你有機會再進修的話，你會比較喜歡哪一種學習方法？（勾選其一）
　□ 順著自己的步調來學習。
　□ 跟著團體的步調走。

　建議：如果你以往的學習經驗告訴你，你總是比班上其他的同學要多花一些時間才能瞭解老師講的概念或學會某一種操作過程的話，你可能會想要勾選第一項。

3. 如果你有機會再進修的話，你會比較喜歡哪一種學習方法？（勾選其一）
　□ 單向式教學。
　□ 互動式教學。

4. 如果你有機會再進修的話，你會比較喜歡哪一種學習方法？（勾選其一）
　□ 主要透過文字來學習。
　□ 主要透過圖片、聲音來學習。

　建議：假想今天有兩個人用不同的方法觀察一列長途火車。其中一個人站在鐵軌旁約三步的距離，直視正前方，他一次只能看到疾駛過他眼前的一部份火車，他會

教學者與受教者的關係

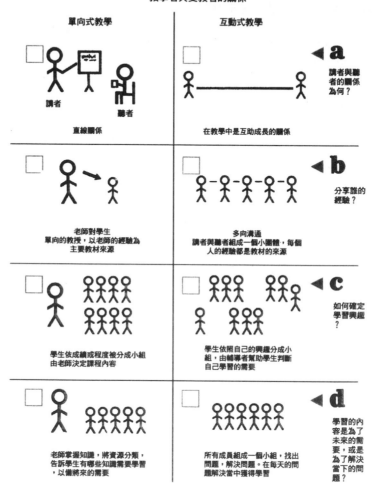

單向式教學

□ 講者 聽者

直線關係

互動式教學

□ ◀ a
講者與聽者的關係為何？

在教學中是互助成長的關係

□ 老師對學生
單向的教授，以老師的經驗為主要教材來源

□ ◀ b
分享誰的經驗？

多向溝通
講者與聽者組成一個小團體，每個人的經驗都是教材的來源

□ 學生依成績或程度被分成小組
由老師決定課程內容

□ ◀ c
如何確定學習興趣？

學生依照自己的興趣分成小組，由輔導者幫助學生判斷自己學習的需要

□ 老師掌握知識，將資源分類，告訴學生有哪些知識需要學習，以備將來的需要

□ ◀ d
學習的內容是為了未來的需要，或是為了解決當下的問題？

所有成員組成一個小組，找出問題，解決問題。在每天的問題解決當中獲得學習

先看到火車頭，然後是一節接著一節的車廂，最後是火車尾；另外一個人同一時間也在看這列火車，但她不是站在地面上，而是從空中俯瞰。從這個角度她所能看到的火車迥然不同於前一個人一次只看到火車的一部份，她看到的是整列火車的全貌，包括火車頭、火車從第一節到最後一節的車箱，一次盡收眼底。接下來我要用這個例子來解說人腦的構造。我們的腦分成左右兩邊，分別以不同的方式處理訊息。左腦處理訊息的方式（左撇子除外，剛好相反）很像哪個站在鐵軌旁看火車的人一樣，一次只處理一部份的訊息。至於我們的右腦則是像哪個飛在天空上俯視火車的人，處理訊息的方法是直覺性的，一次全部吸收處理完畢。羅伯·歐恩斯坦（Robert Ornstein）是研究左右腦執掌功能的權威，他提出了下列幾項左右腦執掌功能的差異所在；

人的左右腦

（兩種不同的意識和知覺系統）

左腦	右腦
連接控制人體右半邊和右邊的視神經	連接控制人體左半邊和左邊的視神經
直線性及條理性的處理方式	同時接收並整合多項訊息
一次只接收一樣訊息	平面性及概括性的處理方式
處理時間	處理空間
掌管語言中樞	掌管動作、臉部或肢體語言聲調，聲音等
掌管言詞和數學能力	掌管空間性、從屬關聯性的功能，在運動或舞蹈方面的身體協調性及對藝術方面的潛在能力
專於記憶文字及對數字的認知	專於記憶物體、人物、地方和音樂等
偏向邏輯分析，講求原因	偏向組合和對於整體的認知
是合理化的思考模式	是熱情和夢想的代表及思考模式
傾向理性，適合當作家、數學家和科學家	傾向感性，適合當藝術家、工匠、音樂家等

　　整個大腦的運作必須仰賴左右腦互補般地同時作用著。拿前面的例子來說，頭腦運作的維持有賴於站在地面上的人和位於高空的人彼此不斷地溝通，互相交換看到的火車景象。不過，有些人卻是某一邊的腦比另一邊要來的發達。左腦較發達的人善於言詞，至於右腦較發達的人對空間和圖像的處理比較在行。你必須要弄清楚的就是：你是哪一種，是傾向右腦學習還是左腦學習呢？或者，你是比較喜歡透過文字還是圖片來學習呢？要先瞭解自己的學習傾向才知道何種學習環境最適合自己。

　　好了，以上的四個問題，就是能協助你找到最適合自己的遊戲的方法。把你勾選的四個選項放進下面的紡車形輪軸圖裡，找到相對應的箭頭，圓圈的最外圍，箭頭所指的地方就是適合你的學習方式和學習環境。

　　你可以列出四到十二個可能的選擇，要知道哪一個是最適合你的，可以用一個三步驟的檢查法：

1. 把內圈裡，你所挑選的四個選項排出一個優先順序。
2. 想想對你最重要的因素是哪一個？次重要的又是哪一個？照這樣的順序排下去。
3. 從圖形上找出你認為最重要的因素和與其相對應的選擇是什麼，如此一來，你就知道最適合自己的是哪一個選項了。

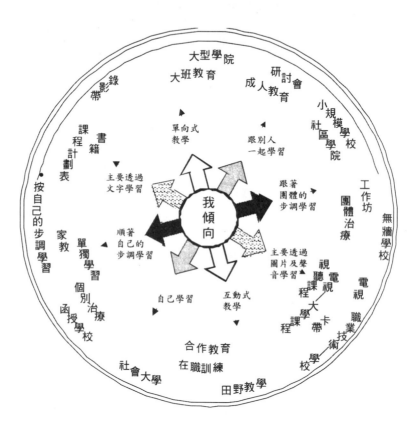

教育的紡車形

輪軸圖

最容易被忽視的因素

在所有影響學習的因素裡，我們發現現今的教育體制，對傾向右腦學習的人會造成學習困難，因為教育制度的重心仍是偏重於左腦發展（就連本書也是字多於圖）。在這樣一個大多將教學內容訴諸於文字的教育制度下，傾向用左腦學習的人自然而然會感到相當自在，因為他們感知週遭事物的方法是透過文字、運用邏輯思考來達成的，強調的是分析能力。但對那些擅用右腦的人來說，他／她們比較傾向用圖片來學習，對音樂、空間的概念較在行，所以他／她們在以文字為主導的學習環境裡會相當不適應，甚至有學習困難的情形。最適合右腦族學習的教育環境最好是能多利用圖像、音樂、舞蹈和工藝這些較活潑、動態的事物來引發他們的學習興趣。可是現在右腦族觸目所及的卻都是一堆又

一堆的文字，他／她們適應不良的情形如果沒有被受到重視的話，右腦族的學生只好自己去找學習來源了。對著教室發呆，或望著窗外出神，這些都是他／她們面對不適應的學習環境時，所採取的回應方式。他／她們在尋找文字之外，自己的腦袋可以吸收的資訊形式，如圖片、意象等。但老師如果不明究裡的話，會罵他／她們上課不專心，整天做白日夢，其實他／她們不過是有「圖片飢渴症」罷了。一回到家裡，右腦族為了彌補在課堂上不滿足的心理，會從電視裡找到圖片來繼續餵飽他／她們的腦袋，就像一個餓了很久的的人，不管三七二十一的看到什麼就吃什麼。所以那些整天黏在電視機前面的人，不論老幼，並不是因為他／她們懶，而是在補充頭腦所缺的養分——圖片，所以即使電視上播的節目良秀不齊，大部份的品質甚至都很差，但餓了很久的腦袋只好看到什麼吃什麼了。

如果你發現自己也是個右腦族，那麼你尋找學習環境時要特別把這個因素考慮進去。要充分瞭解你所想要進入的學習環境裡是用什麼教科書，老師所採用的教學方式能不能符合你的需求。你可以事先請教上過這堂課的學生，協助你多瞭解這方面的訊息。雖然，你是不可能在一個完全沒有用到文字的環境裡學習，但至少你可以找到一個讓自己最感到舒適的學習環境，在這個環境裡所用的語言是你所熟悉的，最容易接受的─包括圖片，肢體動作，臉部表情和音樂等等。

選好遊戲，下一步呢？

　　找到適合自己的學習環境（它可以是小規模的學院，工作坊或函授學校）之後，接下來你還有三個層面的生存議題需要考量：

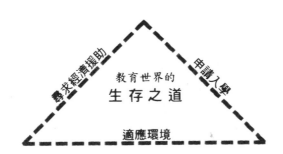

經濟因素

今天不管你是幾歲,當你選擇要就學或要進修,都必須考慮到經濟因素。其實只要你肯花費心力,有很多的方法可以幫你籌到所需的費用。有很多人不願意付出時間、努力就直接了當的說,「沒有用的!你不可能籌到錢啦!」當你為了求學尋找經濟援助時,成功與否跟兩個因素有很大的關係:

1. 你有多想要這筆錢?
2. 你清楚的瞭解自己想學的東西嗎?

如果你對這兩個問題都有清楚的答案,尤其是第二個問題,你可以擬一個所謂的「償還計畫」,對象可能是一些社區的組織、服務性的機構或學校、教堂等等。如果你正在工作的話,你工作的公司或單位也是一個「償還計畫」的好對象。這種計畫的內容可能是提供單位內的成員、員工免費的工作坊服務,或某種利於該公司的長期計畫。所以,不論你是幾歲,又或者你選擇了何種學習方式,經濟來源對你來說都不該成為一個阻礙你繼續學習的問題。記住,有志者事竟成。

申請入學

有些人如果在學校的成績不是非常突出,也沒有很耀眼的表現,可是想申請的學校要求很嚴格,標準很高,要得到入學許可可能是非常困難的。但,就如同我先前所提到的,大學並不是獲得進一步教育的唯一管道。不管你今天的年齡為何,想要再進修的選擇可以有很多。有些學校的入學方式真的是非常簡單,我們如果把所有的選擇按申請的困難度來做一個表,從上而下依序是最難到最容易進入的學校。

難度最高
的學校

博士後研究

專門學校（教育、醫學、神學或法律）

博士學位

碩士學位

大學

有名的學院

其他的學院

公立或私立職業學校

職業技術中心

在職訓練

大學特別開設給校外人士的課程

無牆學校

最容易申
請的學校

成人教育

教會學校

由機構、學校或個人主持的工作坊

自修（電視教學、當地學院、函授課程或錄音帶教學）

　　先做好這樣一個表放在旁邊，如果你所選的學校真的成功機率非常低的話，看看表上的下一個選擇是什麼。例如你想要念大學，但是大學的門檻較高，那麼你就可以往下考慮其他的學院，或較容易進入的管道。事實就是，只要你夠有決心，沒有什麼可以阻止你朝目標邁進。尤其是當你遇到困難，受到挫折時，你反而可以學的更多。你可以作一些資料的研讀，跟學校的輔導人員談一談，任何可以協助你衝破那道障礙的人都是你應該嘗試的對象。但如果你堅持非某一所學校不念，那是不是就一點希望都沒

有了？不見得，想要獲得入學許可有點像是找工作的過程，以下是幾個步驟的簡單說明：

1. 盡你可能的利用你身邊的每一種資源，來徹底瞭解你所想要申請的學校。如：

    a) 利用當地的圖書館，遍讀所有能提供你資訊的書籍；

    b) 跟每一位任職於你所想進入的學校的輔導者談話；

    c) 跟所有在你理想的學校就讀的學生談談。

2. 研究申請入學的每一個步驟，找出負責申請入學的委員會可能認為重要的特質，及關注的重點。

3. 要非常清楚你選這所學校的原因，它跟其他學校比起來有哪些優點，或你為什麼特別偏愛它的原因，最好寫下來。

4. 最好親自去跟委員會的人面談，利用放假的時間到學校去和負責的人談一談，別只依賴一些考試成績或申請函上的資料幫你說話。去之前記得要先做好準備，先想好自己想要說的事情，例如申請學校的原因。

5. 如果你真的願意花費心力去做，那不管你年紀為何，都有可能完成你的夢想，進入你理想的學校。如果你努力之後還是無法如願，也別灰心，記住你還有其他的選擇。只要你有心，沒有人可以澆熄你想要學習的熱情。

適應環境

不論在哪一個學校，要存活下去的第一個要件是要達到一個成績的最低標準，第二個要件是你的學習態度。大部份的人都知道要怎樣做到第一要件。假如你對某一堂課有疑慮，不知道該不

該選它，你會去問上學期上過課的學生，「這堂課如何？某某教授對學生有什麼要求？考試難不難？你是怎麼準備的？」還有一個比較大膽的做法是，當面請教授課的老師，這種方法能使你獲得更多的資訊。因為你可以知道第一手消息，而不只是一些臆測的說法。至於第二個要件—你的態度，這個問題跟你念的是什麼學校有密切的關係。如果你念的是規模大的大學，每個班級的人數都很多，你的學習態度並沒有太大的關係；相反地，如果你上的是人數少，規模小的班級，你的學習態度好壞可就關係大了。我的一個朋友提出幾點關於學習態度應該注意的事項，我想提出來和大家分享：

1. **沒有人喜歡故做聰明的人：** 即使你真的每次都知道答案，也要把答題的機會讓一些給別人，不要每次都搶著舉手做答。

2. **記住，一個好的傾聽者比一個好的演說家難找。** 和同學聊天時記得不要老是自己的事情講個不停，多把時間花在對方身上，聽聽看他／她的想法。

3. **每個人多少都有犯錯時，成年人跟小孩的差別就在於成年人勇於認錯。** 所以當你犯錯時，坦白承認錯誤，簡短地做出道歉。其他人會認同你的做法，而這就是別人喜不喜歡你一個很大的原因。

有時候你會發現有些人天生就對學校的環境適應良好，從來都不用擔心成績不好或學習態度的問題。他們好像天生下來就知道怎麼在學習環境裡存活下去，還活的非常好。你可以去跟他們聊一聊，問他們一些問題，「一直以來，你所遇到過最大的問題是什麼？你是怎麼解決的？還有，你是否曾有過適應不良的問題？或你曾經有過最大的煩惱是什麼？你是如何處理的？」這個

方法可以協助我們從那些「生而知之者」身上學到如何在學習環境裡生存下去。不要害怕去認識你的同學，向他們學習。問一問你週遭的朋友，有沒有認識你可以請益的優秀學生，向他／她們詢問他／她們的學習方法和習慣。有些人可能會討厭別人問他／她這種問題，但大部份的人還是會很樂意跟你分享他／她的秘訣。你只要敢開口說：「我不太懂，你可以幫我嗎？」，就能得到他人的經驗和學習方法。

　　你如果選擇用自修的方式學習，這又是完全不同的生存法則了。既然是獨自一個人學習，決定性的因素就在個人本身，牽涉到的是個人的自我規範能力和有沒有學習動力的問題。如果你本來就是那種很能律己，對想要做的事也總是很有衝勁、很有動力的人，自修的學習方式對你並不是什麼大問題。可是如果你是那種常常在訂好學習目標，付了學費也領了教科書之後，卻發現自己提不起勁兒來的人，原先想要學習的熱情已經不見了，那怎麼辦？是算了，就把書扔在一邊不管了？還是想辦法找出新的學習動機，重新點燃微弱的熱情火苗呢？這時候有兩個方法可以讓你重新拾回學習的熱情與動力。方法一：平心靜氣坐下來，在下圖左邊的欄位寫下在你目前的生活中對你最重要的十件事，接著在右邊寫出，你想學的東西跟左邊的十件事當中的哪一件或哪幾件有著何種關聯或助益。這個小遊戲的目的就是在協助你重新找回學習的動力和熱情。

生命中最重要的事：

1. _____

2. _____

3. _____

4. _____

5. _____

6. _____

7. _____

8. _____

9. _____

10. _____

　　第二個方法是組個像個「讀書會」這樣的小團體。你可以向你登記自修課的學校或機構詢問看看在你住家附近有哪些人也跟你修習一樣的課程，試著跟他們聯絡並組成一個「讀書會」，定時聚會，彼此激勵。如果你找不到這樣的同學，也可以請你的伴侶或朋友幫忙做監督的工作，每個禮拜固定向他／她報告你過去一周的學習狀況和接下來的學習計畫。這種方法可以讓你自己鞭策自己做好學習的工作。

總結

　　一旦你選定了你認為最符合自己需求的學習課程，並且清楚的知道自己有多想要修息這門科目，不論你是幾歲，不論你有沒有足夠的金錢，亦或這所學校有多難考進去，這些都不是問題，因為你最後一定都能克服重重的障礙，達成你想要的目標。

第三個議題：意義或使命

　　不管你現在幾歲，18、22、35，50或60歲，你決定要繼續進修。在你的能力範圍之內，你可以到附近的社區學院上課，上短期的研究課程，在鄰近的大學上晚間課程，或只是待在家裡自修，甚至是請家教，有這麼多方式供你選擇。唯一的問題是：你不確定你想要念何種課程。你只知道你想要繼續進修，因為你就是想要繼續念點什麼，而且多學習對自己有益。所以，你準備好要去唸書了。

　　我也曾經有過這樣的經驗，在離開學校二十幾年後，我決定要重新回學校去唸書。我當初只是抱著「能夠多念點書總是好的」這樣的想法重返校園的。我隨便選了兩門科目，因為我覺得這兩門科目好像蠻有趣的。就這一點來講，我倒是猜對了，因為修完之後，我發現這兩門科目的確是蠻有趣的，但僅止於有趣而已。一直到現在，我都沒發現它們跟我的生活有什麼實際的關聯。這真的很浪費時間！

　　不知為何而學是很糟糕的。你所要學的東西必須對你有意義，會讓你產生一種使命感才行。因此，你必須找出在你人生當中，什麼對你最有意義，你會想要再多加學習的事物。這件事沒有人能幫你，你只能靠自己。因為這是你的任務，你的使命，不是其他任何人的。但這並不代表你就一籌莫展了，總還是有方法可循，我接下來要提到的「個人檢測表」，就可以協助你更瞭解

自己學習的動機。任何時刻當你想要繼續進修，你都可以拿這個檢測表來參考。這上面的內容可以是你生活的經驗，從電視上看到的或從別人身上聽來的等等。下面這張表格列出幾個基本的因素供你參考：

十種學習的原因

自我對照表

我想要回學校上課是因為：
（按照自己目前的狀況來勾選）

- ☐ 1. 我想要擴展我的心靈、情緒和精神上的水平。
- ☐ 2. 我想要知道正確的學習方法，訓練自己能更清晰的思考。
- ☐ 3. 我想要對美德和人類知識的限度有更多的瞭解。
- ☐ 4. 我想學習閱讀、寫作、或算術的能力。
- ☐ 5. 我想拓展自己的人際關係。
- ☐ 6. 我想培養隨機應變的能力—尤其當生活中的變數太多或太少時，該如何處理。
- ☐ 7. 我想尋找：
  - ☐ a. 精神
  - ☐ b. 心靈
  - ☐ c. 或意志的糧食。
- ☐ 8. 我想有多一些機會去認識其他志同道合的人。
- ☐ 9. 我因為…想學習一些我可能需要用到的特殊技能：
  - ☐ a. 某些需要執照的工作
  - ☐ b. 工作的需要（目前或想要做的工作）
  - ☐ c. 我想要扮演的某個角色。
- ☐ 10. 我想建立我的生活哲學。

當然，這樣的一個簡表需要更詳細的說明。

1

想要繼續進修的第一個可能原因

我想要擴展我的心理、情緒或精神上的水平。

　　我們的心裡常常會有個疑問，每個人擁有的小宇宙，它的範圍到底有多大？依循著大自然的法則，一開始，我們以小嬰兒的形體來到了這個世界，這個時候媽媽的懷抱，和小小的嬰兒床可以說是我們小天地的全部。慢慢地，我們一天天的長大，我們接觸到的事物範圍也會漸漸的擴大：從媽媽的臂彎、小小的嬰兒床，到整個房間，整個屋子，然後是屋外的街道，整個鄉鎮…甚至是全世界。而每個人心裡的小宇宙也會隨著每個新的一天，新的經歷，新的學習過程更加的豐富，我們的心靈、情緒和精神的範疇也因此能愈發的深廣。但是這種情況是當一個人有興趣，有動力去接觸、去擴展自己的視野時才有可能做到。如果一個人因為某些生理或心理的因素而停滯不前（例如身體或心靈上的疾病），他／她就很有可能失去了接觸更多事物的機會，也無法繼續成長了。如果說，那樣的心理或生理因素是阻止你繼續向前邁進的敵人，那麼教育就是協助你擴展自己小宇宙的利器了。藉著學習地理，你會對整個世界的面貌有所瞭解；藉著研讀歷史，你就能溫故知新；藉著學習預知能力，你就能盡情的想像未來；藉著探究哲學，你就更能掌控抽象的概念思考；藉著學習生命科學，你就能更瞭解人類本身；藉著學習天文，你的知識領域能擴展至整個宇宙或太空。由此可知，你會想要繼續進修、繼續學習的其中一個原因，就是為了要擴展你自己心裡、智慧和精神的領域，使自己的小宇宙能更加的寬廣。

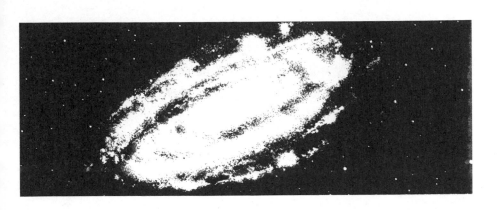

　　「學習」和「學習如何學習」這兩件事之間有一個很大的差異性。就好像當你在協助別人時，你是去幫他解決事情，還是教導他解決的方法？這兩者所得出來的結果是不一樣的。前者是你直接幫他處理問題，雖然能很快的脫離困境，但他卻無法得知解決問題的技巧和方法，下一次如果有同樣的問題發生，他還是無法自己解決。相反的，如果你能給他一些建議，告訴他什麼地方出了差錯，有哪些方法可以解決這樣的問題，讓他試著依循你給他的指示，一步一步去改進。用這種方式不但能解決問題，還能讓他知道自己的錯誤在哪裡，下一次他如果再遇到同樣的問題，他就可以試著自己去處理了。

　　很多人都唸過大學，受過教育或一些正規的專門訓練，我們稱這些人為「知識份子」。但在這些受過教育的人當中，也有很多並不知道正確的學習方法。這些人就好像那種每次一有問題，別人就會幫他解決好，所以永遠都學不會自己去處理難題的人。

我想要知道正確的學習方法，訓練自己能更清晰的思考。

舉個簡單的例子來說好了：我們每天都會從報紙、電視、雜誌等等傳播媒體上吸收到很多的資訊，如果現在報紙上有一則新聞是這樣說的：「常吃ＸＸ的人得到心臟病的比率比不常吃ＸＸ的人的比率高出了兩倍」。只知道直接把看到的東西吸收的人，他們一看到標題可能馬上就會說：「好耶！我又多學到了一件事。不要常吃ＸＸ。」但是懂得正確的學習方法的人，會想繼續把文章看完，或著去查詢更多的資料來一探究竟，看看到底事實是如何。他可能會發現文章裡寫著：「在1000個不吃ＸＸ的人當中，有7個有心臟病；在1000個吃ＸＸ的人當中，有14個有心臟病。」從這些資料推論可以得知，「在1000個不吃ＸＸ的人，有993不會得心臟病；但吃ＸＸ的1000人當中不會患有心臟病則降低為986人。」由這樣的過程看來，懂得如何正確學習的人，在對待每一份新的資訊或知識時都會很仔細小心，他們會追究每一個資訊的來源和正確性，然後再轉換成自己的東西，而不只是被動的接受所有看到的資訊而已。

3 □ 想要繼續進修的第三個可能原因

我想要對美德和人類知識的限度有更多的瞭解。

在這個資訊爆炸的二十一世紀，我們常會有一個幻覺，誤以為我們可以知道萬事萬物，卻忘了我們的感官有其限制，所以我們可以感知到、學習到的事物是有限的。我們知道狗可以聽到人耳聽不到的聲音；許多動物可以在地震發生的幾天前就感覺到災難即將來臨的徵兆，這些都是人類所不能的。教育的一個目的在於告訴我們，雖然藉由學習我們可以學到很多方面的知識，但自然界仍有很多是超出我們瞭解的範圍。

如字面上意義。

我想學習
閱讀、寫
作、或算
術 的 能
力。

5

☐

我想拓展
自己的人
際關係。

　　追求自我成長，也是人們想要繼續進修的原因之一。尤其人
到中年，常會發現自己在很多方面有不足之處。比如說，不知如
何處理衝突，不知如何作決定，不知如何理財，不知如何與別人
相處等等。有些人意識到自己有這樣的問題時，就會選擇繼續進
修來重新學習，以補不足。社會上可以供他們選擇的學習環境其
實很多，像社區學院，空中大學或各種教育機構所開的研習班
等，都是不錯的管道。只要有心向學的話，不管是在哪裡進修，
都能得到不錯的成果。

6

☐

我想培養
隨機應變
的能力，
尤其是生
活中的變
數太多或
太少時該
如何處理
。

　　在一本名為《未來的衝擊》（Future Shock）的書裡描述
到，一些這個世界正在快速發生的種種轉變，使十年或十五年後
的世界，會跟我們現在所認識的有很顯著的不同。沒錯，很多事
物在面臨了時間的衝擊之後，一定會有所改變，這是不可否認
的。但是我們如果反過來看，會發現，有些東西卻是恆久不變
的，例如一些深植於人心中的觀念和想法。對有些人來說，他們
想要繼續進修的目的是想知道有哪些東西是一直在轉變，而哪些
東西是維持不變動的。還有一些人，他們除了想瞭解事物的變動
或恆定不變的道理之外，更想學得如何處理兩者之間所造成的不
平衡。後者的學習態度似乎更能避免世界因變動得太快而對自己
造成衝擊。想要在變與不變之間扮演好自己的角色，也是人們為
什麼會想繼續進修的一個原因。

我想尋找
：精神、
心靈或意
志的糧食

　　人類之所以生而為人，除了做為軀殼的外在形體之外，還蘊含著三個很重要的抽象元素。這三項元素就是：思想、心靈以及意志，這是古早的心理學者所提出來的說法。有思想代表人類是會思考的生物；有心靈代表人有感覺、有心、有情感；有意志代表人懂得作選擇。而思想的最終目的是為了求真；有心、有情感是為了求美；自由意志達到極致即是為了求善。因此，每個人必須時時吸取思想、意志、和豐富心靈的糧食，來達到「真善美」的目標。思想的最佳糧食即是種種概念、觀念、定理和理論；精神的最佳糧食則是種種情感、思緒、直覺，及所有能吸引我們、讓我們感受到愛、憎、惡、慾的種種體驗；而意志的最佳糧食是價值觀、倫理、道德、良知、和判斷力等等。事實上，早期我們所受的教育，大多是以理論、概念這方面的學問來作為教學導向的，比較少有針對人的心靈和意志來作教育或研究的課程。所以，人們也許會想在二度進修時，多吸取與人的心靈、情感、價值觀或意志有關的糧食。

我想有多
一些機會
去認識其
他志同道
合的人

　　在這些想二度進修的原因當中，這似乎是最不受重視，被認為是最沒有必要的一項。但事實上，我認識許多的婦女朋友，在長期扮演了家庭主婦、好媽媽和好太太的角色之後，決定回頭去唸書。她們會這麼做的原因，有大部份是想要認識家庭領域之外的其他人。只是想在過慣了千篇一律的生活，接觸久了同樣的人事物之後，能有個機會去聽聽、看看別人的想法或觀念。也或者

只是想多交些新朋友，大家可以聊聊彼此共同的興趣、生活經驗等等。其實不只是女性會這樣想，有很多男性也有同樣的想法。更有些人是為了結交異性朋友，看看是否能與對方有步入禮堂的機會什麼的。這樣說來，你所選擇的進修場所和環境就好例如一個聚會的地方，在這裡，你能與其他人有各種不同層次的交流和溝通。反過來說，選擇何種課程，是決定你遇到何種人的一個很重要的因素。如果你想要在課堂上認識與你興趣、性情相投的朋友，那麼在你選擇課程之前你就必須先作好功課，瞭解自己的興趣和性向在哪裡。知道自己的興趣在哪裡後，你才能選擇自己感興趣的課程，也才能因此遇到志同道合的朋友！下面我要介紹一個派對練習，它可以協助你找到答案：

這是一個房間的俯瞰圖，在這個房間裡正在舉行派對。志趣相同的人分別佔據房間的不同角落：

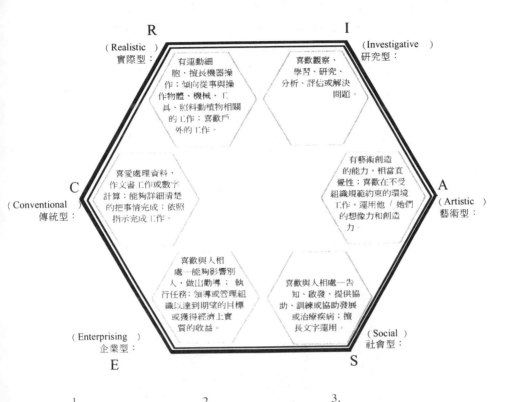

1.

你首先會受到哪一類型的人吸引，想要靠近他們？你和哪一類型的人最能相處愉快？

2.

聊了十五分鐘之後，這個角落裡的人紛紛散去，只剩你一個。在剩下的五個類型裡，你會受到哪一類型的人吸引，想要靠近他們？你和哪一類型的人最能相處愉快？

3.

十五分鐘過後，這個角落的人再度離去，同樣的問題：在剩下的四個類型裡，你會受到哪一類型的人吸引，想要靠近他們？你和哪一類型的人最能相處愉快？

作完這個練習之後，你可以參考何倫博士（John L. Holland）所著的《選擇你的職業》（Making Vocational Choices），這是一部研究職業類別的好書。下面一個六角形的何倫碼，就是截自此書的一張圖，裡面有詳盡的職業名稱和職業性質的分類表。藉由這樣對職業大致的分類法，你可以很容易地找出與這些職業相對應或相關的學習課程。

　　當然，這個圖表對某些職業所下的定義不可避免的會有些疏失。再者，同樣的職業會同時歸屬於兩至三種不同的性質。但是總括來說，它提供了人們一種指標，與傳統的誤打誤撞的方式比較起來，它似乎更能讓你盡快找出適合自己的課程。

何倫碼

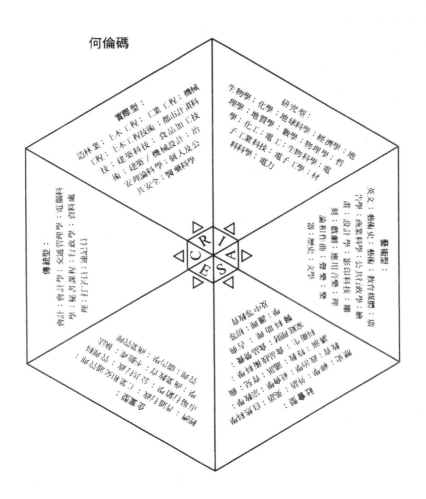

　　這是很多人想要再進修的最大原因。如同前面所提到的，成人再進修原因的調查顯示，有近半數以上的人想要重返學習之路，是因為他們想藉此找到新的工作，或提昇自己的能力，好在工作上有更進一步的發展。這樣的學習心態背後所隱藏的是，教育等同於學習某項工作所需，而學者們對這樣的認知扮演了一個推波助瀾的角色。他們認為「技能訓練」是教育必須做到的功能之一。可是，這對「技能的培養」與「教育」之間的關係有很大的誤解。甚至，包括老師、學校在內，對「技能」的概念都是不正確的。我說這麼多只是想讓你瞭解，如果你今天真的是抱著這樣一個想法，想再多學一點東西，那你必須要瞭解所謂「技能」的真意，才知道哪些課程可以協助你達到目標。

　　當我們頭一次深入地去思考「技能」的真正意義，才發現不但是學者，整個社會都對這個概念有錯誤的認識。我們在每天的日常生活中，幾乎都會提到「技能」這個詞兒十次八次的，好像我們真的瞭解這個概念似的。我們聽到一位父親說，「我兒子念了四年的大學，沒學到什麼一技之長，只會沖浪和泡妞，他這樣以後怎麼過活喔！」一個鬱悶的工人說，「這份工作做了這麼多年，我已經厭倦了，我想再回學校學點新的東西，好找份新工作。」一個待在家裡帶小孩好幾年的家庭主婦，可能會說，「雖然我真的很想出去找份工作，可是我很害怕，因為我什麼都不會！」從這些談話中我們可以發現到一些對「技能」的錯誤觀念：

　　錯誤一：人不是天生就會做某件事，所有的「技能」都要靠後天的學習。事實並非如此，下面我們會提到技能的三大種類，

其中有些（通常是最重要、最基本的）技能似乎真的是先天的因素使然，要不就和幼年的成長經驗有關。不是常聽到這麼一句話嗎？「他／她對這個東西還真有天分呢！」

錯誤二：所有的技能都是後天學習而成的，大多在學校裡習得的。但事實上有些最基本的技能是我們在家裡，甚或在街上學來的。

錯誤三：你知道自己會做什麼事，具備哪些技能。不對！有很多證據顯示，大部份的人都不知道自己具備某些技能，甚至在他們運用到該技能時都沒有察覺。

「想要進這一行，你得接受更多教育，我
上個禮拜才畢業。」

錯誤四：技能是不能轉移的，你在這個領域所學到的並不適用於其他領域。這大概是最嚴重的一個謬誤了！沒錯，有些領域所牽涉到的技能比較特殊，無法通用，但大部份基礎的、較重要的技能是你不論在哪一個行業都會用到的。

　　錯誤五：每個人會的技能只有幾種，而且通常只限於一些相關的領域。重點是，沒有一種技能是有用的一符合市場需要。這也是錯誤的觀念。我們曾經找了好些人來做一個詳細的測試，看看他們到底會多少技能。事實證明，受試者即使是16或60歲，他／她會發現自己會的技能竟高達500到700種之多，其中符合市場需要的部份更是多的令受試者大吃一驚。

　　像這樣的一些錯誤觀念，在我們的社會當中隨處可見。很顯然的，如果你想要再進修的原因是想習得一些技能，就必須要對想要學習的技能有個清楚的了解。所以我們要來談談，「教育」和「技能」之間的關係。首先，我們先來作一個簡單的透視圖，我們可以把幾種技能歸屬於某些活動或任務之下。而這些活動或任務，我們再將它們歸屬於某種工作。再看看這些工作可以歸屬於哪種領域。而這些所謂的領域就構成了屬於你的終生職業。從下面的枝狀圖我們可以更清楚的了解該如何作此一簡單的分類。

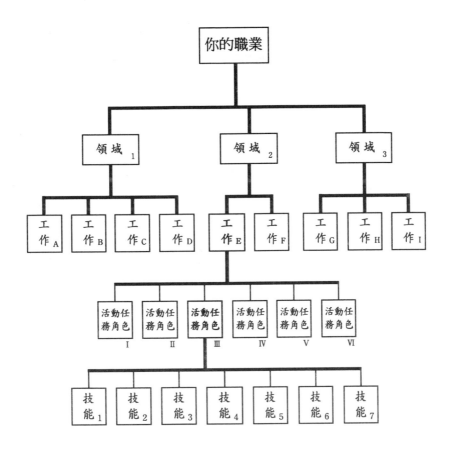

那麼，這麼多的技能究竟要怎樣來定義和區分呢？席尼·范恩（Sidney Fine）對這個議題相當有研究，以下的定義法是他苦心研究的結果。

技能可以分成三大種，分別是1. 自我管理的能力；2. 功能性的技能；3. 職業性的技能：

■ 1. 自我管理的能力（Self-Management Skills）：如果我們形容一個人在工作上很有能力、很有才幹，但不善與人相

處，人際關係很差，意思就是說，他／她的功能性和職業性的技能很強，但他／她自我管理的能力卻是一塌糊塗。根據這一點，我們可以定義自我管理的能力應該包括：與人相處、對權威的處理、及對時間和空間的處理和掌握能力。另外，如何控制自己的衝動、對物質慾望的節制也都是包含在這一類的技能裡。這些能力聽起來很熟悉，可是平常我們不會把它們歸為一種技能，而是以「個人特質」名之。如果我們深入思考一番，便會瞭解這些能力的確是影響日常生活甚鉅的技能。比方說，你有一個朋友，他如何都無法跟他的上級處的很好，但你卻可以輕易的和你的上級保持良好的關係，那麼，能與上司相處融洽不也算是一項技能嗎？還有，你這個朋友常常遲到，老是搞不清楚應到的時間，交代的工作也不準時交出；相反地，你卻很懂得如何掌握和安排時間，這又算不算是一項技能呢？很顯然的，這兩個問題的答案都是肯定的。下面列出的是面對權威的三種態度：

討厭位居高位的人，對他們所說的任何事都不信服，不願服從。

對權威人士的看法採中庸之道，會先謹慎考慮之後再做決定。

愛透了權威人士，將他們說的話奉為金科玉律。

我們會說持有第二種態度的人，具有和權威應對良好的技能，第一種和第三種態度則是不及與太過了。但如果我們把這三種態度稍微改寫一下：

| 並不把每件事視為理所當然，即使對最基本的假設都要保持懷疑的態度。 | 既不盲從亦不過份吹毛求疵。 | 能毫不遲疑的服從指令和命令。 |

▲

　　這三種態度都可以說是良好的自我管理技能，但因工作環境的性質不同，你所需具備的自我管理技能也有不同。比方說，某個研究計畫的負責人所應具備的自我管理能力應該是 1.「並不把每件事視為理所當然，即使對最基本的假設都要保持懷疑的態度。」但對服役於軍隊的軍人來說，他所應具備的就得是 3.「能毫不遲疑的服從指令和命令。」不論是哪種自我管理技能，只要是應用於適當的工作環境，有助於個人對工作環境適應良好的，即是適用的技能。以下是一張自我管理技能表，大致上涵蓋了所有的技能，只是有些技能的名稱在不同的地方有不同的說法。

　　■ 2. 功能性技能（Functional Skills）：不同於自我管理技能所要處理的抽象情況─自我、權威、時間和衝動等等，功能性技能處理的，是每天日常生活都會接觸到的有形物體，例如資料、人和事物。這種型態的技能與「動詞」息息相關，是人對資料、人對人以及人對事物採取的一些基本行動。功能性技能的「功能性」（Functional）三字是指「最基本」（Basic）的意思，所以功能性技能就是我們每天生活都會用到的基本技能。以

自我管理技能

能夠做選擇、做決定 精力充沛、生氣勃勃

能夠改變自己   誠實、正直

對自己有自信   採取主動

聰明、機敏   忠誠

注意細節；有充分的自我意 坦率、開明

 識；對事物徹底了解；有 樂觀

 良知   有條理

可靠   有耐心、有毅力

冷靜、沈著   能承受壓力

率直、坦誠   愛搞笑

願意不斷自我成長   沈著、自信

具專注力   有禮貌

能與人合作   準時

有勇氣，勇於做新的嘗試 很可靠、值得信任

有好奇心   善於隨機應變

有交際手腕   自制

隨和   能自力更生

情緒穩定   自重

能夠和別人起共鳴   有幽默感

堅定   真誠

有彈性   自動自發

寬容   圓滑、機智

良好的判斷力   整齊

         容忍

         多才多藝

145

下這個圖可以協助你更瞭解功能性技能的意義：

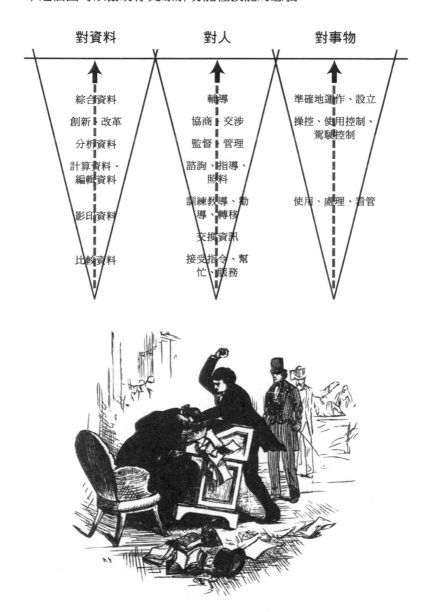

對資料	對人	對事物
綜合資料	輔導	準確地運作、設立
創新、改革	協商、交涉	操控、使用控制、駕駛控制
分析資料	監督、管理	
計算資料、編輯資料	諮詢、指導、照料	
影印資料	訓練教導、勸導、轉移	使用、處理、看管
	交換資訊	
比較資料	接受指令、幫忙、服務	

功能性技能的另一個特點是它的轉換性，其轉換性是超越時空的。也就是說，如果你五歲時就是個解決問題的能手，那隨著年紀的增長，你的這項技能會變的更純熟，但其本質並沒有什麼很大的不同。功能性技能的轉換性還可以超越不同領域的界線，如果你對化學很有一套解決的辦法，表示說你可能也擅於解決語言學上的問題。

　　■ 3. 職業性技能（Work-Content Skills）：包括嫻熟某種特定的語言、或操作的程式等等。所以學習某種外國語言，瞭解車子的每一個零件，或知道某一項任務的手續都算是職業性技能。這種技能的特色是我們在不同的人生閱歷之後，在人生的道路上不斷地吸取、學習得來的。職業性技能牽涉到人的記憶力。如果某人說他的手很靈巧、能幹很多活，這表示他具有「功能性的技能」；但如果說他知道如何按順序把一輛分解的車組裝起來的話，這種牽涉到記憶力的技能，即是「職業性技能」。再舉個例子來說明，一個好的籃球員要做到手、眼和腳三者間良好的協調，這是屬於「功能性技能」的範疇，但同時他也必須知道比賽的規則和遊戲的方法，這一部份則是屬於「職業性的技能」了。

　　在思考這三項技能和你要進修的科目間有什麼關聯時，記住四個重點：

　　一. 你不用把你所具備的每一項技能都鉅細靡遺的列出來，只要瞭解這三項技能的差別並確定自己具備這三種技能。

　　二. 不論你研究或學習的是哪一個領域的學問，要知道你所學到的有一部份是不可轉移的知識，它只適用在少數幾個相關的領域裡頭；另外一部份的知識是可轉移的，也就是之前所講到的「功能性技能」。假設你在一堂物理學的課程中，學到物理學的源流發展、主要原理和應用範圍，像這樣的知識是不可轉移的知

識，也就是「職業性技能」。舉例來說，如果你今天想要成為一個婚姻諮詢顧問，那麼你曾學到關於物理學的知識就幫不上什麼忙。當然你在這一堂課不只學到專業知識，透過學習物理史，你還學到一些偉大的物理學者是如何思索、解決難題的。他們的思考邏輯和解決問題的方法可以供你借鏡，活用在自己的生活上。換句話說，你學到了「分析問題，找出可能的解決方法」的技能，這項技能是你今後不論踏足哪一個領域的工作都可以讓你受用無窮的，是屬於「功能性技能」的一種。所以有句話說，教育並不是只教你專業知識，更重要的是要教會你最基本的處理事情能力。

　　三.　「功能性技能」是三種技能中最重要，卻也是最容易被忽略的一個。一般而言，一個人一生中至少會換二至三個工作，如果對自己具備的「功能性技能」有足夠瞭解的話，就不用每次換工作都還要回學校，再學一回你早就會的東西了。舉個例子，很多人都有過在餐廳打工的經驗。當我們想換個正職的工作時，總是覺得「可是我什麼都不會，又沒有其他做正職經驗，我只做過餐廳的服務生而已。」沒關係，把你做服務生所學到的東西寫下來：

　　1）穿上制服。2）佈置餐桌，擺放刀叉、杯子等食具。3）幫客人帶位。4）遞菜單。5）幫客人點餐。6）把客人的點菜單送到廚房。7）上菜。8）向客人介紹甜點。9）詢問客人對餐點是否滿意。10）把帳單拿給客人。11）找錢給客人。12）謝謝光臨。13）清理餐桌。

餐廳服務生執行哪些技能

用職業性的語言形容一份工作	如何處理資訊	如何與人應對	如何處理事物
穿上制服			處理控制能力
佈置餐桌			快速使用工具
幫客人帶位		提供幫忙	
遞菜單	提出可能性		
幫客人點餐	解釋細節	接受指令	寫下清楚易懂的文字
把客人的點菜單送到廚房	交換訊息		
上菜	能排出事物的順序	提供服務	在眾多的事物中理出優先順序
向客人介紹甜點	記憶細節	引導	
詢問客人對餐點是否滿意	尋求反應、回饋	提供服務	
把帳單拿給客人	複製、評估所提供的訊息	提供服務	寫下清楚易懂的文字
找錢給客人			輸送
謝謝光臨		很有禮貌的與人應對	
清理餐桌			快速地處理很多不同的事物

你心想，我所學到的這些東西根本是帶不走的，除非我繼續做服務生才可能用到那些技能。但那是因為我們用「職業性技能」的語言來形容這些技能，使得他們看起來似乎是不可轉換的，但是如果我們用「功能性技能」的語言來重述這些技能，看看你具備哪些處理資訊、人和事的技能：

所以現在你知道我們從日常生活中所學到的，不論是工作上的還是平常生活情境裡，很多都是功能性技能，而這些技能是可以轉換且用在不同的領域裡的。

我們可以說任何一種形式的教育都可以同時增長你的這三種技能。另一方面，有些課程、工作坊或研討會，的確是以加強某一特定的技能為目標所開設的。比如說，名為「自我管理」、「時間管理」、「沈思冥想」的課程，或一些有關心理治療的課程，這些都是屬於第一大類的技能培養。另外，有助於加強或擴展你的「技術」能力，例如縫紉班、語言課，科學方面的知識或其他與職業相關的課程，這些凡是涉及記憶或嫻熟某種製作過程或程式的則是要培養你的職業性技能。當然，還有協助你習得或加強你功能性技能的課程。

＊表 A ：怎麼知道想要加強的是哪一方面的技能？

最簡單的方法是列出一個可轉移性技能（功能性技能）的表，再勾取你想要學習或再加強的技能。問自己「目前的生活中需要我具備哪些技能？」或更深入一點，「我需要為我目前的工作，甚至是未來的生涯規劃充實什麼新技能？」完成圖表 A 之後還有另一個很重要的步驟，列圖表 B 。這樣說好了，假設你離家多年求學，終於學成返鄉，你的父母很高興你回家了，想要做些你喜歡吃的菜慶祝一下，你列了一張表甲，上面寫滿你最愛吃的東西。那你隔天就照著這張表去買菜了嗎？不盡然，你會先去廚房看一下家裡已經有的食物（表乙），再對照兩張表，把表

100 項技能檢查表

A. 運用到雙手的技能：	要學習的技能	要加強的技能
1. 組合 例：組合成套工具等等	☐	☐
2. 建造 例：做木工等等	☐	☐
3. 建築	☐	☐
4. 使用工具 例：鑽孔機、攪拌器等	☐	☐
5. 操作機器 例：縫紉機等等	☐	☐
6. 使用設備 例：卡車、小客車	☐	☐
7. 靈巧的運用雙手 例：投擲、縫紉等	☐	☐
8. 準確又快速地操作 例：在生產線上	☐	☐
9. 修理 例：修車或修補	☐	☐
10. 其他	☐	☐
B. 運用到身體的技能：		
11. 肌肉的協調 例：溜冰、體操等等	☐	☐
12. 展現活動力 例：運動、長途旅行等等	☐	☐
13. 從事戶外活動 例：露營等等	☐	☐
14. 其他	☐	☐
C. 使用文字的技能：		
15. 閱讀 例：閱讀書籍、瞭解意義	☐	☐
16. 複製 例：抄寫手稿	☐	☐
17. 書寫聯絡 例：寫信	☐	☐
18. 談話、講話 例：講電話	☐	☐
19. 教導、訓練 例：在一群人面前很有活 力的教學	☐	☐
20. 編輯 例：修改小朋友的作文	☐	☐
21. 記憶 例：記得人名、書名	☐	☐
22. 其他	☐	☐
D. 使用感官（眼、耳、鼻、舌、觸覺）		
23. 觀察、審視	☐	☐
24. 檢查、視察 例：檢查撞傷的小朋友	☐	☐
25. 診斷、決定 例：看食物煮好了沒？	☐	☐
26. 注意細節 例：在工廠裡；縫紉的時候	☐	☐
27. 其他	☐	☐

100 項技能檢查表（續）

E. 運用數字的技能：
	要學習的技能	要加強的技能
28. 入貨 例：食物儲藏室、商店	☐	☐
29. 計數 例：在教室裡算人數	☐	☐
30. 計算 例：支票簿、算術	☐	☐
31. 簿記 例：照預算來管錢、做記錄	☐	☐
32. 管錢 例：察看戶頭、銀行存款、掌管	☐	☐
一家商店的帳務		
33. 列預算 例：家庭預算	☐	☐
34. 記數字 例：記電話號碼	☐	☐
35. 快速的算數 例：心算	☐	☐
36. 其他	☐	☐

F. 運用直覺：
37. 預視 例：事先規劃、預期結果	☐	☐
38. 能很快地瞭解一個人、估計狀況	☐	☐
例：全面地瞭解而不是只知道一些細節		
39. 有洞見 例：瞭解某人行事的原因	☐	☐
40. 快速地反應 例：做決定，決定某人值	☐	☐
不值得信賴		
41. 將三度空間具體化 例：畫圖、做模型	☐	☐
、畫藍圖、記得不同的臉孔		
42. 其他	☐	☐

G. 使用分析技能或邏輯能力：
43. 研究、蒐集資料 例：在陌生的城市裡	☐	☐
要找到某條街道		
44. 分析、剖析 例：配方裡頭的材料、分	☐	☐
析某種物質		
45. 組織、分類 例：洗衣服	☐	☐
46. 解決問題 例：要如何到某個地方	☐	☐
47. 分辨事情的輕重緩急 例：看要先解決	☐	☐
申訴呢？還是先打掃閣樓		

100 項技能檢查表（續）

	要學習的技能	要加強的技能
48. 判斷 例：判斷問題的起因和可能的結果；找出問題的癥結所在	☐	☐
49. 系統化 例：把工具按使用的順序排放	☐	☐
50. 比較、察覺共同點 例：比較超市裡不同牌子的商品	☐	☐
51. 測試、瀏覽 例：烹飪；決定要穿什麼衣服	☐	☐
52. 回顧、評估 例：回過頭檢討做過的事，有沒有辦法作的更好、更快	☐	☐
53. 其他	☐	☐
H. 原則性或創造性的技能：		
54. 想像力 例：想出做事的新方法；編故事	☐	☐
55. 發明 例：創新過程、產品、數據、文字	☐	☐
56. 設計、發展 例：新配方、新機件	☐	☐
57. 湊合 例：露營的時候突然發現有些工具忘了帶	☐	☐
58. 沿用、改良 例：功能不好的東西	☐	☐
59. 其他	☐	☐
I. 援助的技能：		
60. 幫忙別人、提供服務 例：當有人需要幫助的時候	☐	☐
61. 能很敏感的察覺別人的感覺 例：在熱烈地討論或激烈爭辯的時候	☐	☐
62. 傾聽	☐	☐
63. 默契 例：和一個陌生人發展默契	☐	☐
64. 表達溫暖、關心 例：當某人沮喪、生病的時候	☐	☐
65. 瞭解 例：別人訴說他們心裡的感覺時	☐	☐
66. 誘導 例：某人不願意講話、分享的時候	☐	☐
67. 支持 例：當某人陷入困境，孤立無援的時候	☐	☐

100 項技能檢查表（續）

	要學習的技能	要加強的技能
68. 表示同情 例：與悲者同哀	☐	☐
69. 正確地傳達別人的意願 例：某位家長告訴另一半他們的兒子還想要什麼	☐	☐
70. 鼓舞 例：幫助別人度過難關，採取實際的行動	☐	☐
71. 有信心、欣賞別人的作為 例：在團隊裡工作	☐	☐
72. 幫助提升自尊心 例：讓某人覺得自己沒有這麼差	☐	☐
73. 治療 例：身體、情緒和精神上的疾病	☐	☐
74. 勸告、建議，指引方向 例：有人不知如何是好的時候	☐	☐
75. 其他	☐	☐
J. 藝術才能：		
76. 創作音樂	☐	☐
77. 彈奏樂器、唱歌	☐	☐
78. 把物體塑造成某種形狀 例：手工藝、雕塑	☐	☐
79. 很有創意地處理符號或影像 例：染色玻璃、珠寶設計	☐	☐
80. 很有創意地處理空間、形狀或臉孔 例：照相、藝術、建築、設計	☐	☐
81. 很有創意地處理顏色 例：繪畫、裝飾、製作服飾	☐	☐
82. 運用肢體語言、臉部表情或音調表達感情和思想 例：表演、公開演說、教學、跳舞	☐	☐
83. 利用繪畫表達感情和思想	☐	☐
84. 高水平文字運用 例：寫詩、劇本、小說	☐	☐
85. 其他	☐	☐

100 項技能檢查表（續）

K. 運用領導能力

86. 著手新的計畫、任務或開啟一個新的觀
　　念 例：成立一個團體；領導服飾潮流　　　☐　　　　　☐

87. 在人際關係上踏出第一步 例：跟在巴
　　士上的人建立友誼關係　　　　　　　　　☐　　　　　☐

88. 組織能力 例：在童子軍團體裡或任何
　　一個團體；組織郊遊時玩的遊戲　　　　　☐　　　　　☐

89. 領導、帶領團體中的其他人 例：考察
　　旅行、啦啦隊　　　　　　　　　　　　　☐　　　　　☐

90. 提議變革 例：在家庭、社區或組織裡　　☐　　　　　☐

91. 下決定 例：在所做的決定會影響到其
　　他人的場合　　　　　　　　　　　　　　☐　　　　　☐

92. 冒險 例：在爭辯中為某人辯護　　　　　☐　　　　　☐

93. 在一群人面前有所表現 例：展示某種
　　商品；教學；娛樂別人、公開演說　　　　☐　　　　　☐

94. 販賣、促銷、協商、勸導 例：販賣
　　物品，或是銷售某個概念　　　　　　　　☐　　　　　☐

95. 其他　　　　　　　　　　　　　　　　　☐　　　　　☐

L. 堅持到底的毅力和決心：

96. 使用別人已經開發出來的東西 例：使
　　用工具箱　　　　　　　　　　　　　　　☐　　　　　☐

97. 貫徹某個計畫或指令 例：按時接小孩
　　放學　　　　　　　　　　　　　　　　　☐　　　　　☐

98. 注意細節 例：在衣服上繡圖案的時候　　☐　　　　　☐

99. 分類、紀錄、歸檔、檢索 例：資料、
　　文件、信件等等　　　　　　　　　　　　☐　　　　　☐

100. 其他　　　　　　　　　　　　　　　　☐　　　　　☐

甲與表乙重複的部份刪除,剩下來的就是你需要去採買的食物了。同樣的道理,我們在完成了圖表 A 之後,要再做一個圖表 B,做技能的辨識,瞭解你本身已經具備的技能有哪些,兩相比較之後,從表 A 上刪去你已經會的,得出的結果就是你要再出發學習的技能了。

✻ 技能辨識 表 B

不管你是 16 歲還是 66 歲,你都已經具有一些技能——通常比你自己所想像的要多的多。有的是在課堂上習得的,有的可能是在家裡或街上學會的,有的甚至是你與生俱來的能力。以下幾個步驟可以幫你辨識出你已經具備的技能:

準備七張紙,寫下你人生中最難忘、最高興的七件事。你可以有兩種寫法:

(A) 人生中最滿意或最值得驕傲的七大成就,可能是在家裡完成的,也可能是打工時發生的事,或跟你的嗜好有關,還是課外活動或作義工的經歷。這裡所指的「成就」並不是某件你做得比別人好的事,而是一件你本來不會,後來才學會做的事,例如「學會做一件洋裝」或「學會修車」這類的事。你可以以「時間」做主軸或以「事件的不同性質」作分類。

1. 以下表為例，以五年做一分水嶺，把每一個階段對你最有意義的事件它寫下來，全部完成以後再選出七件你覺得特別重要或意義重大的事寫在最右邊的欄位。

年紀	最令我驕傲的成就	從前一個欄位挑出最特別，最難忘的七件事
1-5 歲		
6-10 歲		
11-15 歲		
16-20 歲		
其他		

2. 按事件的性質分類，大致可分為三類：玩樂、工作和學習。在右邊的欄位寫下你最記憶深刻的場景，比方說你在玩樂這一欄寫下「喜歡聽古典樂」，場景是「12歲那年與父母去參加音樂會。」全部完成後，一樣選出記憶深刻的七件事。

（B）寫下你迄今在生活中扮演過的角色：妻子、母親、廚師、家庭主婦、義工、學生、和朋友等。如果你想到的不只七個的話，就從中選出七個你覺得最勝任愉快的。

陳述細節：不論你是採用A或B方法列出你的七宗大事表，下一個步驟是在七張紙上填上這七件事的細節。先在七張紙上寫下七件事的標題，然後陳述細節，想像你是在對一個三歲小

喜歡做的事	記憶最深刻的場景	從前一個欄位挑出，記憶最深刻的七件事
玩樂 喜歡聽古典音樂		
工作		
學習		

孩講故事那樣的鉅細靡遺。範例一：標題是「我七歲時的萬聖節。」細節如下：「在我七歲那年，我原本打算在萬聖節當天扮成一隻馬，我扮馬頭，我一個朋友答應幫我扮馬尾。但最後一刻他才告訴我他不幹了！這樣一來，我就沒有辦法參加萬聖節了！最後我想到一個辦法，就是把我自己裝扮成一隻馬，一隻完整的馬。我找了一個水果籃，在兩邊綁上細線，再把它綁在我的屁股上。就這樣我完成了我的單人馬裝。最後我在做好的『尾巴』上固定住一些比較粗的繩子，做我的馬尾，我只要用我的手去搖它，看起來就例如會動的馬尾巴一樣！結果那一年我就靠這一身裝扮贏得大獎！！」

辨識技能：在檢查表最上面的空位填入你選出來的七件大事的標題。從第一件大事開始，一步步對照下來，在每一個技能的欄位停下來想一想，你在做這件大事的過程中是否有用到該項技能，有的話就將該項技能前面的空白欄位塗黑，一直到你對完一百項技能為止。接下來的二到七件大事都按照同樣的方法，辨識出你曾經使用過的技能，這就是你的表 B。在你辨識的過程中，如果發現到有的技能是沒有列在這一百項當中，但卻使用過的，

你可以自由的增減修改。因為我們提供的，畢竟只是一個範例，你當然可以依照你自己的情形來作修改，以期使這個表完全符合你自身的狀況。

　　接下來，就是把你的表 A 跟表 B 做一個對照。拿出你的表 A，一項項從頭看下來，把你看到有打勾的地方去跟表 B 對照，這時候會有三種不同的情形：

　　可能情形一：你發現到在表 B 上相對應的技能前面的欄位上全部是空白的，表示這一項技能是你必須要學習的！

　　可能情形二：你發現到在表 B 上相對應的技能前面的欄位大部份已經塗黑（劃滿了五到七格），意味著你已具備該項技能，你也已多次使用到該項技能，那你就可以把它劃掉，表示你無須再「採買」這項技能了。除非你真的很想在這項技能上多加強學習，而且在表 A 勾選「加強技能」這個選項。不過，既然你已經具備這項技能的話，往往大可不必浪費時間和金錢了。

　　可能情形三：在表 B 上相對應的技能前面的欄位只有少數幾個塗黑的格子（可能只劃了一個到四個），這個時候你就真的必須好好的想想，你是否真的會這項技能？如果你表 A 上勾選的是「要學習」的話，那你可能要把它劃掉，改勾選「加強技能」，對於一項你雖然只使用過幾次的技能，你至少對它有一個初步的瞭解，只是需要再加強、更熟練而已。

　　在你對照表 A 和表 B 的過程當中，還有一個特別的情形可能會發生，那就是表 B 有塗黑的選項居然在表 A 完全沒有被勾選！這可能是你沒有仔細地檢查你的表 A，才會有這樣的疏忽；要不然，就是說你本來就具備的能力比你所想像的要多。

　　好了，我們的活動到此告一段落了，你現在手上有的這張經過篩檢的表列滿了你想要學習的新技能或需要加強的舊技能。拿著這張表去找你所需要的課程吧！

你可能會為了想找出有關人的存在，以及人生的真相種種疑
問的解答而繼續進修，例如：「我們為何而生？」「人生的意義
是什麼？」「如何才算真正的活著？」「死後是否還有另外一個世
界？」如果你時常想著這些問題，想找出解答，這就如同你在找
尋你的人生哲學一樣的。

以下就是一些有關人生哲學的基本問題：

我對……的看法，我的信念是……

現實——什麼是現實？它包含了哪些元素？我要如何去面
　　　對它？

宇宙——宇宙是如何形成的？誰創造了它？為什麼會有宇
　　　宙的產生？

地球——地球在整個宇宙之中有著何種一個地位？為何地
　　　球上會有人生？這些人生被賦予了何種使命？

自然——整個大自然的體系是如何運作的？生於其中的各
　　　個部份又維持著如何一種互動關係？人性在大自然的
　　　體系當中代表著何種意義又有著何種目的？

對人生的尊敬——怎樣才算是尊敬人生？該如何做到？

人生——什麼是人生？人生如何進行？怎樣使人生更美
　　　好？

時間——對時間這個概念要有何種看法？它如何控制著人們的生活？自我和過去、現在及未來之間有何種關係存在？

人類存在的意義——在廣大的宇宙中，人類扮演何種角色？為什麼人性有善惡之分？人類要怎樣作才能達到至善？

神——是否真有一個至高無上的存在？如果有，又是以如何形式存在的？他／她／它／對人類有著如何影響？

死亡——為什麼要有死亡？人類要怎樣來面對它？是否有另一個死後的世界存在？

價值觀——有什麼信念或理念是我非常熱中，可以為了它犧牲自己的性命也在所不惜的？有什麼因素能讓我既快樂又充滿熱情的生活著？人生的意義到底在哪裡？自由的定義是什麼？什麼是真正的力量？何謂心靈的寧靜與和諧？又如何才能達到這樣的境界呢？快樂由何而來？愛又由何而來？如何探觸人心？如何美為我所喜？如何真為我所求？如何品德與誠正為我所願？我是否相信善有善報，惡者必嚐惡果呢？我是如何評定我的價值觀的？

人生的信條——我怎麼看待人生的信條，它對我有何重要性？對婚姻，對愛情，對友情，甚或對宇宙，哪一種信條對我來說是最重要的？

自我認知——我是誰？什麼特質使我與其他人不同？我有那些地方跟別人相同？我有什麼長處？我的缺點在哪

裡？我生在這個世上所帶有的意義和價值是什麼？我在追尋什麼？我要怎麼面對我的極限？我要怎麼發揮我的優點？我希望別人能怎樣記住我？我要從哪裡開始行動？什麼是我的最愛？我最害怕什麼？我最擔心什麼？我最想成為何種人？我最想做什麼事？我要怎樣作才能讓自己覺得很驕傲？當我死後，我希望留在別人心目中的形象是什麼樣子的？

對他人的認知——有哪些人在我們的人生當中佔據很重要的份量，他們對我們的生活有如何重大的影響？為什麼？我所有的思想觀念從何而來——文化、歷史、家庭、宗教或民族性？我常以誰為模範、標竿，希望成為像他那樣的人？我被誰深深吸引？誰的作為令我厭惡？我希望建立何種朋友關係？我和他人之間有如何互動關係？我希望能更親近他人還是要稍微保持距離？誰會記得我？我認為他們記得我哪些方面的事情？我是個很冷漠、孤僻的人嗎？如果是，那我是在恐懼些什麼呢？我該如何在自我和他人的需求和權力之間做好平衡呢？我如何看待他人的優缺點？我如何看待我的家庭和我的家人？我要如何對他人付出？他人的觀念和想法與我不同時，我該如何處理？什麼時候該妥協，什麼時候不該，我如何界定之間的界線？我對他人該有什麼期望？什麼時候該堅持，什麼時候該接受？自我和社會之間有何關係？什麼是施什麼是受？

物——人對於基本的食、衣、住、行應該有何期望？我如何看待金錢？如何看待文明？我希望生活過的簡簡單

單，還是很複雜？何種生活方式是我最認同，認為最好的？我對於進步、改變、成長有什麼感覺？

地球以外的領域和生物——在我的想像中，宇宙中是否有其他領域的生物存在，如果有，他們又是以什麼方式存在，怎樣生活的？我們該如何做才有機會跟他們接觸、彼此交流呢？人類和這些外星物種之間是否有所關聯？

　　看完上面所列出來的項目，你可能會覺得我並沒有很明確的告訴你人生的哲學是什麼。其實，這是一份集結了二百個人的意見所列出來的表，嚴格說起來，這張表所列出來的東西反而比較像是每個人、每個單一個體在人生中都必須面臨到，必須解決的永久性問題。人們在人生當中會不斷的尋找這些問題的答案。每個人在慢慢地追尋、思索解答時，就等於是一個人對於自我、對人生的哲學觀慢慢形成的過程。經由不斷的學習，人們才能從學習的過程中慢慢的找尋問題的解答，建立自己的哲學觀。

　　到目前為止，這 10 種可能的，人們想繼續進修的原因，我都大約解釋過了。現在你可以回頭再仔細想想看，哪一個是你認為想二度進修的原因了。

第四個議題：成效評估

　　在你選修了一些課程（不管是大學課程或短期研討班）之後，你最後會遇到的問題就是：「我作的如何？」下面是一張簡單的表格，你可以藉此評估一下自己的成效。

自我評估表

我是否達
到預期的
目標：
↓

☐ 1. 我想要擴展我的心理、智慧或精神上的水平。

☐ 2. 我想要知道正確的學習方法，訓練自己能更清晰的思考。

☐ 3. 我想要對美德和人類知識的限度有更多的瞭解。

☐ 4. 我想學習如何閱讀、如何寫作、如何算術。

☐ 5. 我想拓展自己的人際關係。

☐ 6. 我想培養隨機應變的能力─尤其是當生活當中的變數太多或太少時
　　　該如何處理。

☐ 7. 我想尋找：
　　　☐ a. 精神
　　　☐ b. 心靈
　　　☐ c. 或意志的糧食。

☐ 8. 我想有多一些機會去認識其他志同道合的人。

☐ 9. 我因為……想學習一些我可能需要用到的特殊技能，如：
　　　☐ a. 某些需要執照的工作
　　　☐ b. 特殊的工作需要（目前的或想要做得工作）
　　　☐ c. 我想要扮演的某個角色。

☐ 10.我想建立我的生活哲學。

如果目標沒有達成，這些就是我下一次需要繼續學習改進的部份：

_____

_____

_____

_____

_____

成效測驗一：

　　當我所選修的研討班、工作坊或課程告一段落之後，其結果是否達到我原先預期的目標呢？

　　在完成了某一項課程之後，你想要判斷自己是否有所得？你可能會問：「我學習的成效如何？」如果你想要整理出一個較完整清楚的成效表出來的話，你會需要一個比較的標準。上一頁的表是我們之前所提到，十種想繼續進修的原因。你仔細思考，確定自己是為了哪些理由想繼續進修，就可以列一張像這樣的表來稍微作個評估。

　　當然你可以不用這種太系統化的方法來作檢視，也可以只在腦海中想出幾個問題來問問自己。這個方法你隨時都可以做，不一定要等到學程告一個段落或結束之後才來做完整的自我評估。你隨時都可以問自己，「我的學習狀況如何？」「是否有什麼問題，需不需要跟老師或其他人談談？」「這個課程裡所提供的是否符合我的需要？」等等。這樣一來，不用等到學習結束，在學習的過程中就可以決定要不要繼續學習下去了。

　　如果你本身是一位老師，這裡也有兩個教學策略可以提供你作參考。首先，在研討班、工作坊或課程開始之前，你可以先花一點時間請學生們發表一下他／她們對這個課程的期望。把他／她們分成幾個小組，讓他／她們互相發問，並寫下他／她希望從你的課程當中學到哪些東西。這樣一來，你也可以更清楚的瞭解自己的課程該如何安排、設計。再者，你也可以知道有哪些人的需求是這個課程所不能提供的。提早告訴他們，讓他們及早作出決定，是否要繼續下去。第二個策略是在學期中時再做一次調查，問問學生們你所上的課程是否真的符合他們的需要和期望。這個方法的好處是，你可以再一次的判斷自己需要改進的地方，

以配合學生。用這種方法才最能使學生得到成效，不是嗎？

成效測驗二：

　　我所參加的研討班、工作坊或課程是否讓我養成一種良好的習慣，能夠時時對自己的作為進行檢討，以達成既定的目標呢？

　　如果某一個課程能提供我們每日生活所需知識，它就達到一個課程所能提供的最大成效了。試想，我們在一天當中不知會做多少決定。而每做一件事，我們都會想知道有何種結果，「我是否因此得到或失去了什麼東西？」「成效為何？」可以說我們的每一次的「行動」，都需要作「評估」。不只如此，我們每天所經歷的事情，看到、聽到、讀到的事物，也都等著我們去消化和吸收。我們會問自己：「我是否從每天的經歷裡學到了什麼東西？」而要做這些評估，就必須要不斷從教育、學習當中獲取新的知識，當作每日新的糧食和行事準則。

更進一步來說，也可以用你的人生觀、哲學觀來對你每天的作為作出評估。假設你認為，人生就是要追求真理、追求美、追求完善。那麼在一天過去之後，你可以問問自己：「哪些事物教導了你什麼是真理；何種經驗讓你體會到了美；哪些作為令你瞭解到如何追求完善？」也或者，你可以隨著所上的課程提出不同的問題。比方說，你最近正在上有關人際關係的課程，你可以就這個議題來問自己：「我今天學到了哪些有關人際關係方面的事？」如此一來，你的每一天都是新的學習的開始。你可以拿所有你在課堂上學習到的知識，作為每天審視自己的工具。其實一個課程的結束，代表著另一個學習的開始。它所能提供的最大效用，應該是在其結束之後，能持續作為你學習另一個議題的開端或啟蒙，而不該就這樣結束了。

有些人會認為他找不出時間來看看自己每天作了哪些、學到哪些事情。但其實我們可以在開車、等車時、睡覺前、穿衣服等等獨處的時刻，來思考一下這些問題，不要把時間浪費在整天做

白日夢或發呆上。如果你想更有系統一點，你也可以每天固定一段時間，把你的想法和學到的事物記錄下來。

成效測驗三：

我是否能夠平均分配自己花在「學習的世界」、「工作的世界」和「娛樂的世界」三者上的時間？

不管你的年紀多大或多小，你都可以選擇要不要繼續進修，但是記得不要把自己侷限在學習的箱子裡，要隨時提醒自己在學習、工作和娛樂之間找出一個平衡點。這是在學習的金字塔中，你必須隨時考慮到的一件事，也是你最終的測驗項目。

我目前的工作中，
唯一的樂趣是早餐，
午餐，
午休，
下班，
還有發薪日。
大多數的時候我的軀體在工作，
我的心卻回到古時候，
與吉姆‧布里吉（Iim Bridger）一起獵水牛，
與布區（Butch）共翱翔，
任何能讓我的心靈得到片刻自由的東西都是好的。
我真的等不及明天早上的來到，
屆時，我又可以享用麥當勞的早餐，
再來，就沒有什麼能讓我提起勁了。

CHAPTER FOUR
終生工作

　　大部份的人在人生的前半段歲月裡，將所有的心力投注在求學、唸書和取得文憑上。這樣一路從幼稚園念上來，逐漸摸清楚學校生活是怎麼一回事，也懂得如何在這個環境生存。然而對大多數的人來說，求學的過程也僅止於「如何生存」的階段，只有少數人會進一步探討「求學」的更深一層「意義」在哪裡，並要求自己能達到一定的「學習成效」——教育金字塔所要達到的最高層的議題。

　　別以為歷經了教育世界的洗禮之後，你會更能瞭解「工作的世界」。事實正相反！學校的教育當中，並沒有能幫我們準備好自己，在進入「工作的世界」前先對「工作的世界」有所了解的課程或管道，相反地，我們就如初生之犢一般地被扔進這個陌生的世界裡，必須從頭開始摸索和瞭解。

瞭解處境

　　大部份的人找到第一份工作的過程，是誤打誤撞的。比方說，我們年輕時會去麥當勞打工，送報紙或到餐廳做服務生，原因不外是我們碰巧聽說過這些工作，或正巧看到徵人廣告，並不是我們對這些工作的內容感興趣使然。雖然如此，我們還是能從這些工作中獲得一些資訊例如，體驗自己的價值：生平頭一次，有非家庭成員的人願意支付金錢來換取我們的時間、才能和我們所付出的勞力。藉著這些工作，我們也實地的瞭解到「工作」的意涵：準時出現、將交託的工作持之以恆的完成、如何以新的角色和身旁的人相處、如何應對權威、遵守規定等等。我們對「工作的金字塔」的第一個議題最初的瞭解，即來自我們所做得第一份工作。換句話說，因為我們沒有一個很好的收集資訊的方法，所以工作本身便成為資訊的來源。當然，這個方法必須靠點運氣，要是你的第一份工作並不是很好，就可能扭曲了你對「工作」的認知。不過，在我們找到更好的方法之前，這種「做了才知道」的方式總比什麼都沒有要來的好一些！要是有人問你，「你幹嘛還要做那份爛工作？」答案可以是，「雖然這份工作真的不如何，但它卻是協助我瞭解「工作的世界」的方法之一，這就是它唯一的價值。」第一份工作的階段性任務完成以後，我們會想換工作。你可以毫無目的地漫遊於眾多的工作中，像我的一個朋友，他至少做過三十幾種工作，從售貨員到產品經理，嘗試過各種不同領域的工作。這也是一種學習的方法，但真的太耗時了！你可能要等到五十歲時才能悟出道理，並希望自己二十五歲時就學會了！這種方法既無成效，又無組織可言，它只是讓工作更像一個不可跨越的箱子，把人困在裡面。可悲的是，大多數的人寧願痛苦地待在箱子裡也不願付出時間和努力去改變。

　　但如果你想要有所改變，你會需要一套讓你終身受用的系統

性的工具，協助你順利爬完金字塔。

瞭解處境？——Ｂ計畫

要有系統地解讀「工作金字塔」的第一個議題，首先要對職場裡眾多的工作種類和性質有一個全盤的瞭解。你所面臨到的第一個難題是，相關的資料實在是太多了，不知從何著手？既然要記住、吸收所有相關的資料是不太可能的（除非你自認你的記憶力可媲美電腦！），又覺得只深入幾個熱門的行業所得到的瞭解有限，此時你不妨試試下面這個方法：

用幾個大原則來組織、整理你所收集到的資料。先把資料歸納之後再來消化，會比一拿到資料就囫圇吞棗的方式要好的多。以下我提出三個分類的原則供你參考：

1. 第一種組織原則：人、事物、資料的分類。所有的工作都或多或少牽涉到處理這三大類的問題，所以我們可以將工作依照其主要處理的內容作分類。舉例來說，假設你是一個高中生，要做一個關於職業的田野調查，在訪問過各行各業的人之後，你可以把所有訪問到的行業按人、事物、資料這個原則來歸類：

不過，這個分類有一個缺點，就是它太籠統了。比方說，你

主要處理資料、材料的工作：	主要處理與人應對的工作：	主要處理事物的工作：
鎖匠、辦事員、裁縫、簿記員、打字員、校對員、會計、出納	老師、諮商人員、體育教練、牧師/神父/教士、政治家、藝人	技師、農夫、卡車司機、樹醫、鐘錶修理人員、洗碗員、計程車司機、畫家

要怎麼歸類航空公司的票務人員？他／她要面對許多形形色色不同的客人，要處理許多事物（筆、機票、電腦鍵盤、鈔票、支票），同時經手許多的資訊（班機號碼、飛機起飛及抵達時刻、座位的安排、閘門號碼、票價等等）。你要把這份工作分在哪一類呢？這個問題端乎個人的主觀想法，每個人都會有不同的意見。事實上，很多工作就像上面舉的例子一樣難以劃分清楚。席尼‧范恩（Sidney Fine）和他的同事合著的「職業字典」（Dictionary of Occupational Titles，1965年出版），可以給你一些協助。在這本字典裡，每項工作都依照它與人、事、資料相關的程度高低加以分類。

2) **第二種組織原則：職業領域分類法。**是將類似性質的工作歸類在一起。而有以下幾大類：

- 農業及自然資源
- 商業
- 通訊及傳播業
- 建築業
- 家庭加工業
- 環境學
- 藝術和文學
- 醫療保健
- 餐旅娛樂業
- 製造業
- 航海相關行業
- 行銷與通路
- 服務業
- 公共事業
- 交通運輸

　　這並不是一個所謂的準則，你會發現每個專家或專書上所歸類的職業類別都不盡相同。

　　3) **第三種分類法：人為環境分類法**。上面提出的兩種分類法分別是以「工作所處理的內容」和「你所從事的工作領域」，來協助你將龐雜的相關資訊作一個適當的分類、整理。還有另一種分類法是著重在「工作的環境」。在工作的環境裡，影響最大的一個因素要算是「人」了。不論你從事的是哪一種工作，都會面臨到要和周遭的人相處的問題。霍普金斯大學的何倫博士（Dr. John L. Holland）將「人為環境」（People Environment）分成六大類，這就是著名的何倫碼：

1. 現實型的人為環境：在這個環境裡的人傾向「明確、有組織、有秩序地運用或操作物體、工具、機器以及動物」的活動。
2. 研究型的人為環境：在這個環境裡的人傾向「對自然、生物或文化現象的觀察及具象徵性、系統性及創造性的研究」的活動。
3. 藝術型的人為環境：在這個環境裡的人傾向「隨性、自由、且未經組織的活動；具有創造新的藝術形式和新產品的能力」。
4. 社會型的人為環境：在這個環境裡的人傾向「以告知、訓練、發展、治療、或啟發為目的的技巧性操控」的活

動。

5. 企業型的人為環境：在這個環境裡的人傾向「組織、操控其他人以達到組織的目標或滿足個人的利益」的活動。

6. 傳統型的人為環境：在這個環境裡的人傾向「清楚、有組織、有秩序的運用資料，例如做紀錄、歸檔、再造資料、根據擬定好的計畫來組織文字和數字資料、管理生意、及操作資料處理機」的活動。

現在，我們再把這六個類型的分類法套用在剛才提到的，進行職業田野調查的高中生的例子上。

現實型 的人為環境：	研究型 的人為環境：	藝術型 的人為環境：
農夫、木匠、公車司機、技工	科學家、心理學家、醫生、研究人員	音樂家、作家、舞者、歌手

社會型 的人為環境：	企業型 的人為環境：	傳統型 的人為環境：
老師、諮商人員、吧臺、髮型師、公用事業、業務代表	決策人員、業務、律師、房地產經紀人、經理	會計、辦事員、打字員、程式設計師

瞭解這三種分類法則之後，你可以選擇其中之一幫你將歸類資料（我個人是比較偏好何倫博士的人為環境分類法）。或者，你可以把這三種分類法合起來，成為一個綜合的分類法。將這三個分類法則分別以方形物體的長寬高來表示就成了下頁這個三度空間的示意圖。這是一個「工作世界」的宏觀圖。在對「工作世界」有一個大略且清晰的瞭解之後，你要決定的是你對哪一個範疇有興趣，再繼續深入。假如，你在第一大項的分類，選擇處理「資訊」的工作，再在「人為環境」裡選擇「研究型」，最後選擇「環境業」作為你最想從事的工作領域。這三個要件交集的工作敘述即是：「研究環境相關領域的自然、生物或文化現象或衍生而來的資料。」像這樣將範圍縮小以後，蒐集起資料就簡單的多了。這樣一個立方體的圖表可以幫你將資料分門別類。比方說，你認識一位會計，他/她的老闆是演電視的藝人，那你很快的就可以一這三個分類法則分析出他/她的工作性質：他/她的工作主要處理的是物（資料），處在「藝術型」的人為環境，通訊及傳播的領域裡。

工作世界宏觀圖

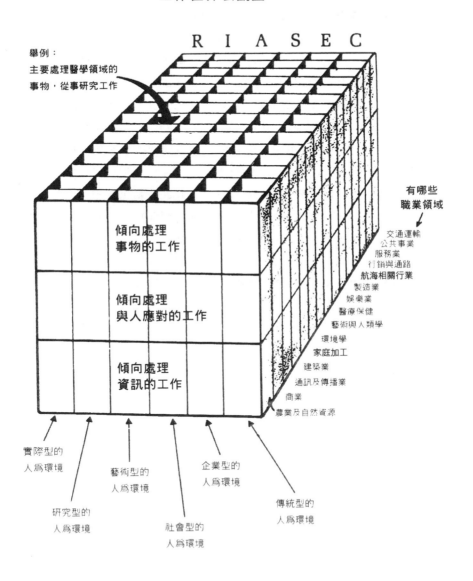

R I A S E C

舉例：
主要處理醫學領域的
事物，從事研究工作

傾向處理
事物的工作

傾向處理
與人應對的工作

傾向處理
資訊的工作

有哪些
職業領域

交通運輸
公共事業
服務業
行銷與通路
航海相關行業
製造業
娛樂業
醫療保健
藝術與人類學
環境學
家庭加工
建築業
通訊及傳播業
商業
農業及自然資源

實際型的
人為環境

研究型的
人為環境

藝術型的
人為環境

社會型的
人為環境

企業型的
人為環境

傳統型的
人為環境

蒐集資料

有了目標之後，蒐集資料的方法有二：1）書面資料 2）訪談人士。

1）書面資料： 除了縣市立圖書館之外，你住家附近如果剛好有任何的大專院校、這些學校內的圖書館也是你不可錯過的地方。從學校裡的就業諮商中心，你也可以得到相當多有用的資訊。你還可以把搜尋的目光投向一些政府單位機構，向勞工局、青輔會都有網站可以供你參考。

找到這麼多書面資料之後，一個非常重要的問題是，可信度有多高？事實上，你找到的資料大多很籠統、很表面而且很無聊。撇開這些不談，所有與求職相關的資料都有缺點：

a. **一般的來源常是偏頗的。** 政府部門或有關當局不可能對每一種產業，每一向工作都作非常透徹的了解。當他們要作產業調查時，他們會拜訪蒐集資料的對象常是公司行號的主管，或業界的領導者。想像一下，如果今天被訪問的人是你，請你預估某產業明年的工作需求數。假設你初步估算的結果，來年應該有170,000個工作機會，但你不能確定，也怕低估這個產業的需求量，所以，你會把數據估高一點。站在雇主的立場，即使你高估的數字導致供不應求，害很多求職者找不到工作，那也不關你的事，不會損害到你的利益。

b. **所有預估的數據都與現實情況有差距。** 我們用下面這個鐘擺圖表示產業勞工短缺與勞工過剩情形。鐘擺不停的在兩端之間擺動，有時快，有時慢。很可能當鐘擺當到某一點時，被援用作某出版品的數據資料，但等到實際

付梓時，現實中的鐘擺已經盪到另一頭去了。可是，在學的高中或五專生並不知道有這樣的誤差，他們只知道書上寫著某個領域有極大的勞工需求，而將志向瞄準該領域。念了幾年書，受了幾年訓練，等到畢了業，要踏入社會找工作，才知道在這幾年間的實際情況是，鐘擺已經盪到勞工過剩的那一端了。

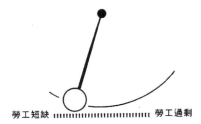

c. **只有供需之間的比例，缺少供需關係的描述。**有些工作需要長時間訓練和培養，但所有的預測、預估數據並沒有辦法算到這一點，也沒有辦法估計轉業的人口。

工作機會	供需之間的關係
很多	供過於求
多	供大於求
不少	供需平衡
有競爭	供不應求
競爭相當激烈	求過於供

d. **不同的人會有不同的求職行為。**所有的職業指南對工作需求的預測能夠告訴你的只是，某項工作競爭性有多高，但實際上，到底會有多少人爭取同一份工作，兩個、三個、六個、十個、還是一百個？即使你知道某個有興趣的工作可能會有很多競爭對手，並不表示你就得放棄，相反的，你的求職方法的好壞更形重要。

2. **訪談人士**：關於這個部份，我在前一章「終身教育」裡已經有詳細的說明。讓我再提醒你幾個重點。(1) 如果你是那種非常非常害羞，一想到要跟陌生人談話就不禁全身發抖的人，別擔心，你可以找個比較有經驗，比較能言善道的朋友陪你一起去做訪談。請這位朋友幫你問問題，然後從中學習獲取問問題的技巧和方法，漸漸地試著自己來做訪談。開始時，可以在訪談的過程中穿插幾個自己發問的問題。(2) 善用你住家附近的「消息靈通人士」協助你找到訪談的對象。可能是社區學院或大學裡某科系的系主任或院長、就業諮商中心的人員、經濟司、市政廳、社區圖書館員，還有例如計程車運將和報紙的地方版主編等等，這些地方上消息最靈通的人。(3) 當你好不容易找到的訪談對象告訴你，他/她沒有你想瞭解的相關資訊的話，別灰心，接著問，「那你知不知道，誰可能對這類型的工作有深入的瞭解？」(4) 不要忘了，千萬不要「盡信人言」，把別人告訴你的資訊全盤接收。多問幾個人，聽取不同的說法再自己下論斷。但，如果你找的是一種很特別的工作的話⋯

你剛從高中、或大學畢業，看遍了政府出的「職業一覽表」，還是找不到一個喜歡或有興趣的工作；又或者你已屆中年，到了即將退休的年紀，總覺得活了大半輩子了，幾乎什麼行業都做過了，想要試試不同的、有挑戰性和刺激性的工作。那你該如何找到所需的資訊呢？你有兩種方法可以選擇：

1. 在所有已知的職業種類裡找出自己最有興趣的，再想一想你最喜歡它的哪一點？假設你欣賞的特點是「在戶外工作」，那接下來：

    a. 去圖書館把所有具有這項特點的工作找出來。
    b. 再從這些工作中找出最吸引你的一個。

接下來，我要你做一個「跳躍式」的資訊收集法。如下圖所示，你從已知點（已知眾多行業裡最吸引你的一個）出發，利用數次的訪談幫你找到你所想要知道的未知點（你從未聽過的職業）。

已知點
（至少是某個
還蠻喜歡的
工作）

第一次
訪談

第二次
訪談

以此類推

未知點
（一個有興趣
但未曾聽聞
過的工作）

訪談進行的方式是找一位從事你喜歡工作的人進行訪談，這就是你的已知點。假設你要訪談一位樹醫，你可以問他/她：

> 1. 你如何進入這個行業？
> 2. 你最喜歡這個行業的哪一點？
> 3. 你最不喜歡這個行業的哪一點？
> 4. 我還可以去哪裡找到從事戶外工作，與樹木有關，可是又不用砍樹的人？
> 5. 選擇性問題：（如果訪談對象沒有辦法回答上述四個問題時）你想誰可能知道？

藉著第一位訪談對象的推薦，你跳到下一個訪談者，同樣問他/她上面的四或五個問題，再藉由他/她的協助跳到第三個訪談者，並提出相同的問題。直到你找到哪個未知點為止。但假如你的最愛要素不只一個（如前例：在戶外工作），那就要用第二種方法。首先，還是要找出最喜歡的幾個工作要素。舉個例子會有助於你的瞭解。小賴對一份工作的期許是：樂於輔導別人、提供

意見、對精神學有興趣、對植物有興趣、喜歡木工。你找出的要素越多越有協助！接下來，把這幾個要素和職業頭銜劃上等號。

> 樂於輔導別人、提供意見 ＝ 諮商輔導員
>
> 對精神學有興趣 ＝ 精神科醫師
>
> 對植物有興趣 ＝ 園丁
>
> 喜歡木工 ＝ 木匠

想想看，哪種工作對職場的瞭解最多？或者是說，哪一位所受的專業訓練最久？就這個例子來說，答案是精神科醫師。那麼，你可以去訪談一位精神科醫師，向他/她請教：

1. 請問您知不知道有哪一種工作是同時具有這四項要素的？
2. 如果您不是很清楚，那請問我還可以去問誰呢？

小賴用跳躍式收集資料法找到一個相當特別的未知點。他發現精神科學裡有一個旁枝是利用植物做治療的方法，協助極度自閉退縮的病人。這些正要開始重新接觸這個世界的病人，非常害怕與人接觸。植物治療法的用意就是給這些病人一些植物去照顧。在過程中讓他們體驗到，自己是被需要的，他們的關心會得正面的回應，而逐漸有勇氣去面對真實的世界。

生存之道？

「生存遊戲」是每個人在一生當中都會碰到的難題，不論是初出社會，還是工作多年卻突然被裁員，我們都得要為生存而戰。有些人對「生存遊戲」得心應手，但大多數的人在面臨失業時其實是很手足無措的，尤其是如果還有家庭的負擔。對大部份的人而言，「生存遊戲」的關鍵，就是找到一份工作，但這樣「壯有所用」的理想狀況是建立在幾個假設的前提下：

- 如果，職缺跟求職的人一樣多。
- 如果，一個人什麼工作都可以做。
- 如果，撇開年齡、經驗、專業訓練、人種、殘廢的因素不說，雇主願意雇用一個並不十分適任該項工作的人。
- 如果，社會有一套完善的就業制度，可以讓需要的人都找得到工作，每個職缺也都能找到合適的人選。

可是，事實並非如此……

- 因為，求職的人數與職缺往往不成正比。
- 因為，你還是必須具備某些技能，才能做某份工作。雖然這一點常被雇主給過度誇大了，但實際上，一個人並不是何種工作都可以勝任的。這一點在後面有更多的說明。
- 因為，我們的國家還是存在許多偏見，對年輕人、對老年人、少數民族、女性、有前科的、患過精神疾病的、曾經是癮君子的、個子矮的、身體殘障的、教育程度低的、有錢的、沒錢的。雖然法律明文規定，所有的人都應該受到公平的待遇，但你在找工作時，仍然無法避免這種偏見和歧視，而困難重重。前一秒嫌你年輕，下一

秒又嫌你太老；一下子說只用白種人，過了一會兒，卻
說只用少數民族；剛剛才說你經驗不夠，（等你有足夠
的經歷，再回來找我們吧！嗯，我也不知道你要如何累
積經驗，因為所有的公司都以經驗不足為由不錄用你）
一下子又說你是大才小用（這份工作並沒有辦法讓你發
揮長才，我怕如果我雇用你，哪一天你一找到更好的工
作，就會立刻辭職不幹！）；這邊說只雇用男性（小
姐，很抱歉，我們目前沒有秘書的職缺。），那邊卻
說，只聘請女性（小老弟，不是我不想請你，可是礙於
政府法規，我不得不先雇用女性）；這一頭跟你說，目
前只有高階人才的需求（老兄，如果你應徵的是副董的
話，明天就可以來上班了！），那一頭卻是只有低階人
才的空缺（恐怕你要求的薪水太高了）。這樣加起來，
你一輩子大概只有一個小時的時間是剛好符合錄用標
準。

　　既然「生存遊戲」的要點就是找到一份工作，而現實情況又
是這麼的惡劣，我們就需要一些可以協助我們順利找到工作的要
訣：

求職要訣

守則一：盡可能的利用不同的求職方法。

　　我們將之名為「賭城情結」。既然沒有一定的致勝的遊戲，那就同時玩好幾台遊戲機，希望至少其中有一台會贏錢。

守則二：將時間投資在最有效的方法上。

　　求職成功率最高的方法依序是：直接和雇主面談；尋求職業介紹所的協助；看報紙求職欄；問親戚朋友，他們工作的地方有沒有空缺。

守則三：最好能面對面和雇主面試，盡量不要靠一些死的東西（例如履歷表，或透過電話）來代表自己。

　　紙上談兵只會淪為一場獨腳戲；電話交談則剝奪你看到對方反應的機會。面談的好處是除了聽之外，你還可以「看」！看對方的眼神、臉部表情、手部動作。

守則四：如果你的問題是連面試的機會都沒有，那你就得在替代方案上下功夫。也就是說，你要有個 B 計畫。

　　遇到這類問題時，大多數的人採取下列的其中一條路徑：

a. 他們溯及以往，翻看過去的歷史裡有哪些最熱門、需求量最大的工作，例如；鐵匠、石雕家、煙囪清掃工人、彩繪玻璃設計師、書的裝訂商、羽毛筆製造商等等的職業。

b. 即使是找不到工作也沒關係，反正有失業救助金嘛！對

那些沒有準備替代方案的人來說，失業救助金可真是個好政策啊！

c. 勇於嘗試沒人走過的路。例如女性開始「入侵」一些以往被認為只有男人可以從事的行業，例如警察、電話技師、工匠等等的；而男人也漸漸地開始從事以往被視為「女性化」的工作，如空服員、秘書等等。

守則五：如果你有面試的機會，卻總是在面試之後沒有下文，那你可能要加強你的面試技巧。

沒有辦法獲得面試機會是個問題，有了面試機會還是找不到工作也是一個大問題。下面是一個對照表，左邊是雇主決定不錄用某人的原因，右邊則是改進的方法。

你不被錄用的原因：

1. 所謂的「站沒站像，坐沒坐像」說的就是你這種人。面試時不直視面試官，反而左顧右盼；握手也是軟弱無力的。
2. 你的衣著不僅談不上乾淨整齊，你簡直就是個邋遢鬼！
3. 面試時，你開口閉口都是你想要什麼、你喜歡和你不喜歡什麼、你的要求。
4. 很明顯的，你對應徵的這家公司一無所知，也沒想到要先花時間做點調查。

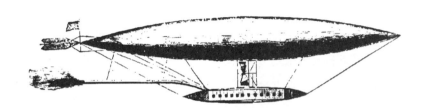

5. 在整個面試的過程中，你表現的一付不善與人相處的樣子，畢竟連面試人員都無法與你相處融洽。

6. 你的表現很討人厭；個人習慣很差，又嚼口香糖又抽煙的。

7. 要求過高的薪水。

8. 你沒有被錄用的原因可能與面試人員有關。這個原因一般鮮少被提起，卻非常重要。有時候，面試你的人並沒有雇用的權力。他/她的工作只是審查剔除不合要求的應徵者，再把剩下的呈給更高一級的人員作第二次的面試。所以，你要是遇到這種面試官（多數是人事部門的人），他/她在跟你面試時，其實只是要找可以把你從候選人名單上刪除的理由。

可以協助你在面試時留下好印象的方法：

1. 站時抬頭挺胸，坐也要坐好，不要整個人躺進沙發裡。直視面試官；握手時要簡短有力。

2. 服裝儀容整齊。穿上你最好的一套衣服，指甲清乾淨，頭髮修理整齊、清爽。

3. 將面試時間平均分配：用一半的時間談論自己，一半的時間在應徵的公司上。可以問一些，例如該公司的營業項目等等的問題。

4. 正式面試的前一天或前一個禮拜，到該公司的人事部門索取公司的年度簡介或任何書面介紹資料。仔細地閱讀這些資料，在有興趣的部份下面畫線，並記下你想進一步瞭解的問題。去面試時帶著這些資料和你的筆記。

5. 對待面試官的態度不卑不亢，不要打斷他/她的談話，更不要一付好辯的樣子。

6. 拿出你最好的言行舉止，最有禮貌的態度。如果你很緊張不安的話，直接告訴你的面試官，他/她會瞭解的。不要悶著不敢講，而讓你的緊張不安毀了整個面試。

7. 如果你真的急需要工作，你對薪水可能沒有太多的要求空間。

8. 可以的話，盡量避免與人事部門面試，如果你正是與人事部門的人員面試，你又很不幸地在面試後被刷下來，堅定地、有禮貌地請問面試官。問清楚你被刷下來的理由，這是你的權利。你可以跟他/她說，你想要知道自己失敗的原因，好在下一次面試時改進。

我要強調的是，以上這些守則只適用於一種情形：就是你急需一份工作，卻又一直找不到工作。雇主手握生殺大權，而你沒有時間，或者說你不想花時間坐下來好好想一想自己到底要的是什麼，適合做什麼。但，如果你的情形正好相反，下一個章節（意義或使命）可以幫你找到答案。

守則六：如果你真的真的很需要一份工作，只要在你能力範圍以內什麼都願意做，先做了再說。

你可以到一些政府或私人的職業介紹所尋求協助。一般來說，他們都可以幫你找到還不錯的工作。你會很驚訝你能夠做得工作竟然如此之多！根據一些專家的分析，有三分之一的工作是只要任何一個具備閱讀、計算、文件整理分類和駕駛交通工具能力的人就可以適任的；還有三分之一的工作是可以邊做邊學，不一定要有專業的知識背景；只有三分之一的工作需要某些程度的教育背景，職前的訓練和某些專業資格。所以，實際上，你可以做得工作有好幾千個之多。雖然，有些工作真的是讓你倒盡胃口，但如果你有經濟或時間的壓力，只要你不是太挑剔的話，都可以找到一份暫時性的工作。

如果你找的工作真的非常不適合自己，或者對你而言實在是太低就了，你要很清楚地告訴自己，這只是暫時的，千萬不要消極的認定你要跟一份自己超不喜歡的工作綁在一起一輩子。你越是覺得這份工作沒有意義，沒有目的，你越是應該利用工作之餘的時間去思考，找出在你人生中有意義，有目的的事。這樣一來，你現在這份無趣的工作的意義其實就是「讓我有足夠的錢生存下去，並給我一些思考的時間，想想接下來的路要怎麼走，也就是我的 B 計畫。」

守則七：如果你還是找不到工作，真的快要走投無路時，趕快去找職業介紹所或人力中心。有幾點可以幫你判斷這些中心或介紹所是不是真的對你有協助。第一點是，他們是不是真的站在求職者的立場，以求職者的利益為出發點？第二點是，他們是否有足夠的經驗？

守則八：別讓失業毀了你跟家人、朋友之間的關係。

根據一份新的研究報告指出，失業對婚姻關係有很負面的影響。失業的人面臨生活困境的事實對任何一種關係都是極大的衝擊。失業隨之而來的絕望、沮喪、提不起勁兒等等的問題會把你推向另一半的懷抱，在他/她的愛裡尋找寧靜、慰藉和力量。相反地，這些問題也可能毀了一段關係。所以，失業時更要花時間去經營你的情感關係。

守則九：別以為找到工作，事情就解決了，你這時應該把你找工作的那股幹勁延續到工作上頭。

在工作中存活下來的秘訣之一，是向你的同事請教在公司生存的要訣，畢竟他們已經在公司有好一段時間，看盡人來人往，多少瞭解原因。我們曾經問過許多人：你認為在目前的工作環境裡，有哪些因素或要點，是你得以維續這份工作的原因？以下是他們的一些答案：

1. 對公司的事情保持一定瞭解。
2. 和高層的人保持良好的關係。

3. 切忌停滯不前，加強自己的工作能力。

4. 隨時保持機動性。

5. 被指派某一項工作時，與你的長官/上司確認再三，以求你能完全瞭解他/她的要求。

6. 將工作確實地交付給下級的人。

7. 別把事情給搞砸了。

8. 保持警覺，別在別人不相信你時視而不見。

9. 隨時吸收你所從事的領域的最新知識和最新情況。

10. 勇於做新的嘗試。

11. 表現出你有願意成長、改變的意願和能力。

12. 能夠立刻回應新的指令。

13. 工作之外要有個人生活。

14. 自己心裡要有一條清楚的界線，你願意為這份工作付出多少。有些事情是即使有再好的工作，再高的薪水都不值得被犧牲的。

15. 要堅持自己的個人價值、尊嚴和自由。不管別人怎麼對你，千萬別因此看輕自己。

16. 並備好 B 計畫。

意義或使命

　　很多人都有一種拖拉的惰性，認為「我又不是不做生涯規劃，只是晚一點或明天再做，還是來得及嘛！」就這樣，事情拖過一天又一天，等到終於要規劃時，可能已經七老八十了！有些人遲遲不規劃自己的生涯，找出對自己有意義的工作，是因為他們認為就算計畫再多也沒有用，「這個世界上好的工作實在太少了！只有少數很幸運的人才能找到自己真正喜歡，又有意義的工作。大部份的人只能將就地有什麼做什麼。」

但根據我們所做得「國家職業發展計畫」，我們發現情形不如大多數人想得那樣悲觀。研究調查的結果顯示，不論你有何種背景、年紀多大、性別為何、是哪個人種、受多少教育、有什麼技能，只要你願意真正地付出心力，思索並規劃自己的生涯，不受限於社會上對職場的迷思，都可以找出自己人生中的意義，並找到能賦予此種意義的工作。

　　這些關於職場的迷思不但廣為流傳，還深植一般大眾的心中。這也難怪，畢竟從小到大我們都是這樣被灌輸的，自然而然覺得那是真理。以下就一一來看看這七個關於工作職場的迷思：

七個關於職場的迷思：

1. **好的工作很少，當就業市場萎縮時，好工作更是難找。**

　　事實上，就業市場至少有200萬個工作（註：指美國1980年代的情形），即使是景氣不好時，光是小型企業也會有150萬的空缺，更別提大型企業了。你如果要找工作，問題不在於工作機會太少，相反地，是工作機會多到你不知道如何選擇。

2. **找不到工作表示工作機會很少。**

　　事實上，「存在」與「資訊流通」完全是兩回事。比方說，你是存在的，但你居住的城市裡有多少人知道這個事實？工作機會的多寡也是這樣。如果你找不到工作，並不表示好的工作不存在，只表示我們國家的「資訊流通」系統實在是太差了。根據兩份研究報告指出，至少有75~80%的工作機會並沒有出現在一般找工作的人會尋求協助的媒介上，例如：報紙廣告、徵人啟事、公私立職業介紹所、人力銀行等等。

3. 大部份要找工作的人大概都知道自己該如何做。

　　事實上，找工作的方法大致可以分為兩種，但大多數的人只知道成效比較差的方法：寄履歷表，或透過職業介紹所找工作。平均來說，一家公司收到的 245 份履歷表裏只有一位會被挑中進行下一步面試，而這 245 份還是有被細看的半數。所以，大概每 490 份履歷表裡只有一為會中選。通常公司在決定最後人選之前平均會與三位應徵者面試。這樣算起來，一家公司的一個職位空缺有將近 1470 份履歷表應徵。也就是說，1469 位應徵者會失望而回。結論是，寄履歷表是找工作的方法裡最沒有成效，卻是最為人所熟知的一種。為什麼會這樣？因為我們在高中、大學時都沒有人教過我們怎麼找工作，那當我們要找工作時怎麼辦？我們從同伴的口中，從書上找到這個最普遍的求職方法。然後，當這個方法不管用時，100 個人裡面有 99 個沒有 B 計畫。

4. 需要工作的人有很多地方可以尋求協助，這些仲介公司都會抱持著顧客的利益至上的心態。

事實上，我們以為提供協助的這些仲介公司有一個缺點，就是他們對就業市場有多少職業空缺不是十分清楚。再者，報紙的求職欄和職業仲介所的幕後金主是雇主，所以他們的考量是要幫雇主找到適合他/她們的人選。但求職者所想要的是一個能夠以求職者的利益為依歸，協助他/她找到適合工作的仲介公司。

5. 在求職的過程中，雇主握有生殺大權。

沒錯，雇主在求職的過程裡似乎是比較佔上風的。他/她有權雇用你，也有權開除你，但這兩種權利的使用次數過於頻繁卻不是他們所樂見的，因為那意味著雇主很難找到適任、對工作投入、熱愛工作的人。如果沒有這樣的員工，雇主也很難成功。所以，其實每個老闆煩惱找不到好員工的程度不下於求職者找不到好老闆的困擾。換句話說，主雇雙方都是不良的「資訊流通」系統的受害者（在「職場迷思二」裏提到的）。所以當一位求職者去面試時，他/她所面臨的是跟他/她一樣絕望的老闆。

6. 求職者必須通過雇主層層的檢視（先是履歷表、求職表格、筆試、和面試），而求職者唯一能依靠的事他/她的工作經驗或在職證明。

事實上，不只有雇主在篩選眾多的應徵者，應徵者也在評估雇主和公司。不過，有很多人是直到被聘請之後才做這個動作。根據一份「聯邦政府職業中心」（Federal/State Employment agency）所做得調查指出，有 57％的人在到職不滿一個月的時間內即離職，就是因為他們在工作之前不知道該如何先對該份工作公司及環境做好瞭解，反而是做了之後才發現這份工作不適合自己，待遇、環境不好，而心生離職念頭。另一方面，雇主雖然有事先作刪選的功課，卻只是一味的注意求職者的過去（工作經

驗或在職證明），卻忽略了最重要的是求職者的現在和未來的發展潛力。

7. 被雇用的就是最好的。

我們收到一位求職者的來信，談到他去應徵工作，也很幸運地被錄取了。後來，他看到當時與他應徵同樣職位的求職者的履歷表，他發現有很多求職者的條件都比他好，比他更適合這份工作。但他勝過他們的一點，就是他清楚如何讓自己被錄用的技巧。這是一個職場的事實：得到工作的並不一定是最有能力的，而是最懂得在求職的過程中獲得工作機會的人。

你要找一份對你有意義的工作（不論是轉業或剛要找第一份工作），秘訣是下面幾個步驟：

1. 記憶 2. 分解因子 3. 排序 4. 聚焦 5. 訪查 6. 命名
7. 發現——連連看 8. B 計畫

1. 記憶：

迄今，回憶過去成就最有效的方法是寫自傳，但大多數人缺乏貫徹實行的恆心與毅力；另一種比較省時，也比較普遍的「階段成就記憶法」，將人生分成幾個不同的階段，寫下每個階段的重要成就。這個方法卻不如自傳來得有用。自傳體近年來以不同的名稱出現在生活中並被大力推廣——自傳、日記、口述歷史等等，因為它是：

- 個人經驗的整合，也是自我了解的途徑。
- 保存個體的感受與思維。
- 可以傳遞、延續家族歷史。

- 可以彌補現代人少寫日記，少寫書信紀錄個人生活的不足。

如果你打算要寫自傳的話，有一個很有用的小訣竅：找一個朋友，請他/她至少每三天打一次電話給你，問你寫好了沒？這樣一直煩到你寫好為止。但，如果你比較喜歡用「階段成就記憶法」的話，記住一個重點，所謂的「成就」並不是某件你做得比其他人好的事，而是比較現在和過去的自己，看看你在某件事情上有沒有做得比過去更好。另外一個重點是，成就不單單指工作上的成就，思考一下，你在家庭裡、婚姻中、家族的關係裡、工作之餘的專業及個人生活圈、社區裡、義工活動中、社交活動、宗教活動、知性及美學的活動以及娛樂活動中有哪些成就。大部份的人習慣把成就或自傳寫的短短的，為了避免這種情形發生，每寫一件成就之前先問自己「我做了什麼才導致這件事的發生，才有這樣的成就？」以下引用幾個關於「記憶法」的名言。「經驗本身意味著年紀的增長，但省視評估經驗卻可能是你潛力大增的泉源。」（Bart Lloyd）「藉由記憶過去的成就和對自我的實質評價有助提升自我價值和自我肯定。但唯有給予這些『成就紀錄』一個目的，這些自我肯定和價值的成長才會有意義。」（Ullik Rouk）

2. 分解因子：

　　就是將一個事件分解成最基本的因子。將分解因子應用在
「成就」或「自傳」上，就是一般所謂的「技能辨識」。「技能辨
識」是將寫好的「階段成就」或「自傳」分解成最簡單的元素—
—也就是運用到的技能。如果你做「技能辨識」有困難，找兩、
三個朋友幫你忙，組成小團體，大家一起做。你也可以從分解日
常生活的活動做起，參照我們前面提供的「功能性技能」表。不
過，要是你想要多發掘你的「職業性技能」，下面這個兩個表可
以幫你的忙：

a) 我的職業性技能：從那兒學來的？

寫下迄今你所上過的學校或任何學習的場所：	寫下迄今你所做過的工作及任何職前或在職訓練課程：	寫下迄今你所做過的休閒活動（任何你在課後或下班後做得事）：
記得涵蓋從小學到大學、參加過的研討會、工作坊、學習的書籍、錄音帶等等。	記得涵蓋做過的義務性活動、兼職的工作等等。	記得涵蓋參加過的俱樂部、宗教聚會、嗜好、手工藝、業餘愛好、娛樂活動、治療課程等等。

經過一番思考之後，把 a 表的答案拿來繼續進行 b 表。

b) 我的職業性技能，又名特殊知識

填好上面的表之後，把那些你希望將來能繼續用到的技能圈起來，依重要性排列。

該項技能的程度（按照自己的判斷）：	從學校課程學會的知識	從工作中學到的知識	在休閒時間，從事嗜好的活動時學會的知識
	例如：語言，精神學等等。	例如：事物的專有名詞，工具的使用方法，事情的過程/流程等等。	例如：對汽車的瞭解，古董的研究等等。
初級			
進階			
專精的程度			

如果你想要多發掘「自我管理能力」的技能的話，利用九十四頁的圖表，問自己：「我是否具備此項技能？」在空白的紙上寫下你認為自己具備的技能，再給每個技能一些實際的例子，證明你曾經在過去的某個場合裡用過該項技能。

如果你怎麼看還是覺得你所具備的某個技能只能用在一個特

定的行業裡，那表示你是用「職業性技能」語言把這項技能給限定住了。讓我們假設你的技能是「教授聖經研習班」，這看起來並不是一個可以廣泛應用的技能。但是如果我們這樣說，你具有「從日常生活經驗詮釋宇宙間不變的真理」的能力，那應用的範圍就很廣了。如果你的問題正相反，是以「功能性語言」描述你的技能，反倒不知道它在社會上有何用處，試著設立五個用的著該技能的場景。

3. 排序：

　　你收集到資料之後（不管是關於你自己，或關於工作的），
接下來非常重要的一步，就是把資料排序。如果未經排序，那很
可能你手上有十件資料，卻不知道哪些不用你再浪費時間，哪些
卻又值得你花費心思，努力研究的。而一旦經過排序，事情的輕
重緩急、重要性的高低就很清楚了。同樣的道理，你必須要把你
發掘出的技能加以排序，不然，你有的只是一堆無用的資訊。你
可以愛用什麼方法就用什麼方法，不過，目前為止最好用的排序
方法是我們列在書後的附錄一。在參照附錄一，開始排序之前，
還有一個很重要的步驟是先把技能分類。想想看，要你排序
12~15 或 20 種技能是不是比排序 500~700 個技能要來得簡單
的多？本書所附錄的求職指南裡所列的是已經分類好的技能，如
果，你不滿意這樣的分類的話，你還可以參照約翰‧克里斯托
（John Crystal）的「Where Do I Go From Here With
My Life」一書，再照自己喜歡的方式將技能分類。

4. 聚焦：

你想好要在哪個城市工作了嗎？

　　如果你很清楚的知道自己想將技能用到哪個領域，可以協助你較快找到有意義的工作：

1. 將焦點集中在你願意為何種價值觀、目標和理想效力。
2. 清楚自己想將技能用在哪一方面。（關於這一點你可以從你希望學習的「職業性技能」找到答案）
3. 聚焦在可以讓你工作愉快的人為環境。
4. 瞭解自己哪種人際關係模式下最能勝任工作（是團隊裡的成員、領導者、或追隨者、還是獨立作業）；相對地，你必須或願意承擔多少責任。
5. 聚焦在你最能夠將工作做好的工作環境。（答案取決於你的「自我管理技能」，及你依據過去經驗整理出來的「最討厭的工作環境摘要」）
6. 聚焦在最能加強你工作成效，讓你工作愉快的地理環境，再寫上第二及第三個選擇以備萬一。

如何聚焦

　　關於第四點：總的來說，如果你想要年薪百萬，哪你可能就得要是團隊裡的領導者才有可能做得到（或者是總統的親戚）。所以，薪水的高低從某個角度來看的確決定層級。如果，你現在正好要換工作，想知道要求多少的薪資才不會被你未來的老闆認為唐突、不合理，根據我們的研究人員的報告中說，要把原先的薪水再加個 25~40%，才能把一個人從原來的公司挖角到另一家公司。所以，按這樣推論，你在應徵新工作時，可以把原來的薪水提高 25~40%，都是合理的範圍，人家也不會覺得你腦袋有問題。你當然可以要求更多，不過要有心理準備，對方可能會要你調整一下就是了。針對你所選的工作領域做一個深入而完整的的調查，瞭解一下在你想工作的地理環境，你要求的薪水相對的所要承擔的責任。（有時候，同一份工作在不同的地區薪水差很多）

「公司給的薪水不高，
但是蠻令人陶醉的！」

關於第五點：根據以往的工作經驗，描繪出你最討厭的的工作環境。發掘自己的「自我管理能力」，再一一分析適合的工作。比方說，你的某一個「自我管理能力是「自動自發」，所以你就不應該選個太刻版，限制太多的公司。

5. 訪查：

我只是想在
面試之前做
點背景調查
而已！

　　這一點在書後的附錄二有詳細的說明。
　　當你想多瞭解某個工作領域或某項工作而進行訪查，以下是蠻好用的一份問卷：

- 你是怎麼進入這一行的？
- 你最喜歡這份工作的哪一點？
- 你最不喜歡這份工作的哪一點？
- 你喜歡或不喜歡這個城市、鎮、或地區的什麼地方？

- 你最喜歡和你共事的人的哪一點？
- 你覺得這家公司有何種價值觀、努力的目標和意義嗎？
- 在這裡需要用到哪些專業技能？
- 這裡的工作條件為何？
- 你所承擔的權責有多大？薪資多少？

6. 命名：

我知道有一份工作正適合你這樣有興趣「掃」遍全國的人！

　　從前面幾個步驟一路做下來，你把以往的工作經驗分解成最基本的因子─使用的技能。現在你要把這些因子組合回去，藉由下面這個流程圖可以讓你更清楚：

　　不論你是要尋找一份有意義的工作或想換工作，你都要先從上而下解構你的職業，如圖示左邊的箭頭。先將職業分解成領

域，再把工作領域分解成不同的工作，然後工作分成數個活動、任務或角色，最後再分解成最小的技能。這些技能經過記憶法發掘，因子分解（技能辨識）和排序之後，由下而上，如圖右的箭頭，將排序好的技能往上建構成你希望的參與的活動、任務及扮演的角色（這個步驟即是前面說到的聚焦第四點），再向上架構出可以讓你的技能運用在喜歡的活動、任務或角色扮演上的工作種類。

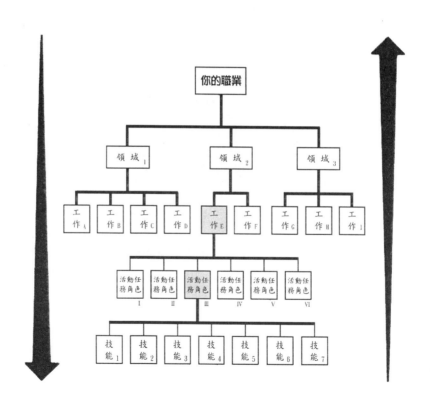

命名的重點並不是要你得出某個頭銜，而是：

- 特定的職位。（通常放在職位前面的名詞，指的是你想派上用場的特殊知識，例如『人力發展』職位）
- 在某種組織、機構工作。（最希望置身其中的工作場所，如果你有做前一個步驟—訪查的話，就可以很清楚你在哪些組織、機構裡會工作愉快）
- 需要使用哪些技能。（寫下你發掘出的「功能性技能」裡，重要性排最高的）

7. 發現—連連看

「這一份是我的人際關係表，我有 3 個死黨，4 個好兄弟，4 個好朋友，8 個朋友，30 個熟人，44 個點頭之交，認識 21 個人，還有 5 個敵人。」

這一步驟裡最重要的是接觸，所謂的接觸是你和認識你及你認識的人之間，藉由不斷地接觸、探訪，進而找到工作。你可以從約翰‧克里斯托的「Where Do I Go From Here With My Life」及拙作「What Color Is My Parachute」找到更多關於這方面的資料。

8. B 計畫：

　　好啦，你做好了上面說的每個步驟，也找到一家不錯的公司，看起來你蠻有希望的。但，請你準備一個 B 計畫！在你一面進行 A 計畫的同時，也著手進行 B 計畫；你已經知道何種工

作對你有意義。但，真的真的請你做好 B 計畫的準備，以免萬一你的 A 計畫失靈；你想要工作的地區看起來工作機會蠻多的樣子，找到一份喜歡的工作應該不太難吧！還是，請你一定一定要有一個 B 計畫，因為事情有可能不是你想得這麼簡單。

　　B 計畫其實就是「不要把所有的雞蛋都放在同一個籃子裡。」

工作成效

我不會投球，
我不會接球，
我不會打架，
我不會罵髒話。

我不會撒謊，
我品行得甲，
我太害羞，
不敢去追求女孩子。

繼續 ⟶

我是最後一
個被選上球
隊的!

可是現在……
我會喝酒,
我會說粗話,
我會做壞事。

每個禮拜天都有
人找我一起去打
高爾夫球。

我可以很風流,
我可以很威風,
我可以讓人討
厭。

太神奇了!

我做到了!

如何衡量自己的「工作成效」，跟你/妳想在工作上有何種的成就，及你想成為如何的人有很大的關係。比方說，你的目標是成為你那一行裡的頂尖人物，那衡量「工作成效」的好壞就在於你離目標還有多遠。你如果是餐廳的服務生，以這份工作為榮，想要成為一位超級服務員，你的測量方法就是看自己做得夠不夠好；你的理想如果是要在某個由男性主導的工作領域裡成為第一位女性主管，那你有沒有「工作成效」就看你離目標還有多少距離。讓我們再回到「工作成效」的首要守則：只有你自己（不是其他人）才能立一個衡量你「工作成效」的標準。話雖如此，不同的人的不同準則中還是有共通性，我們把它整理出主要的幾個：

　　1．有多忙碌。 2．熱愛工作的程度。 3．工作所帶來的成就感有多大。 4．工作隨之而來的權力。 5．工作上的人際關係（不論是與同事或客戶之間）是否滿足了我們情感的的需求。 6．工作是否滿足了我們需要愛與被愛的需求。以下再就這幾點做更深入的探討：

1. 我隨時隨地都保持忙碌，所以我很有成效：

　　這是最常被拿來衡量「工作成效」的 一種方法了。許許多多各行各業的人努力的想要保持忙碌，卻沒有時間深入思考「是否忙碌等於有成效？」的問題。要是你問他們，「你覺得靜下心來思考，這般忙忙碌碌到底為何是很重要的嗎？」他們回答你說，「當然重要啊！可是我沒有空！」

對工作的八大不滿：

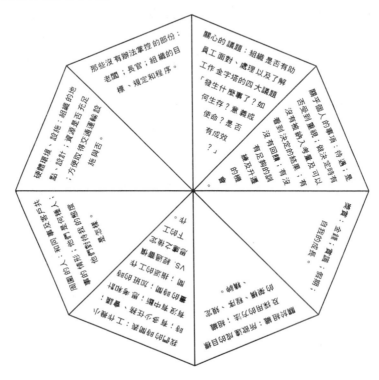

2. 我樂在工作中，所以我很有成效。

這也是另一個常被用來衡量的標準，其普及度僅次於第一項，畢竟，我們都希望一份工作最低限度必須是讓你覺得還蠻愉快的。比較文言文的說法，稱之為「職業滿意度」；另外一種比較白話的講法是「對工作的不滿」。為了協助自己更瞭解你對目前這份工作的好惡，畫一個八角形，寫下你對工作有哪些不滿：

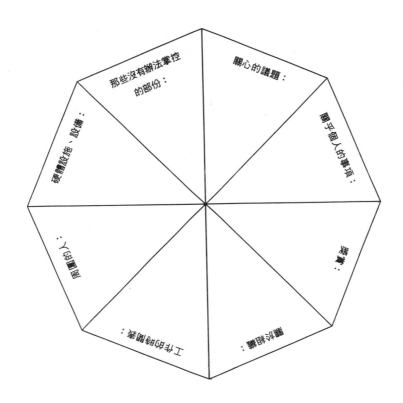

　　如果你越寫越是沮喪，覺得自己實在應該換個工作，別得出這樣的結論之後就把八角圖形扔在一邊。事實上，它還有另一項功用，可以協助你更清楚你的下一份工作該是什麼樣子。作法即是將過去的不愉快工作經驗轉換成對未來工作的期許。

對目前這份工作，或前一份 工作的不滿：	希望下一份工作能有：
例如： 沒有成長的機會。 辦公室裡太過擁擠。 沒有與人交談的機會。 長官干涉太多。	 成長的機會。 有足夠的個人空間做好自己 的工作。 有合理的機會可以和其他人 溝通交談。 上司不要時時緊迫盯人。 管理不要太過或不及，能讓 我有自由判斷的權力。

　　用附錄一將每個區塊裡的因素排序，再從裡頭挑出最重要的前三個，組合成 24 個最重要因素。你不一定要很嚴格遵守這種每一角只能挑三個因素的方法。比方說，「那些沒有辦法掌控的部份」的前五個因素較「硬體設施」的任一因素都來的重要，那就用前者的五個要素，再加上「硬體設施」裡的第一個要素。最後將 24 個對你最重要的因素列出來。重點在，看看你對工作的不滿在哪裡，然後把不滿轉換成對下一份工作的期望。

　　當然，這個評鑑表的結論不一定都是負面的，很可能你做完這個表之後，發現你比大多數的人幸運，也比你想像中的還要喜歡自己的工作。

3. 我的工作成效取決於是否能有作為或有所成就

　　當然，唯有你可以定義屬於自己的「成就或作為」，可以是工作能力的增進、自我的成長、人際關係的良好、自我管理能力的加強、一些想做得社區或娛樂性計畫，也可能是某個截稿日期或做事的期限。通常用「成就」來評定自己成效的人，會有一個共通點，就是他/她們總是對自己不滿意。用忙碌來決定成效的人自問「我是不是很忙呢？」如果他/她的答案是肯定的，那事情就解決了；用是否樂在工作中來評定自己工作成效的人如果自問，「我是否喜愛這份工作，並樂在其中呢？」而得出「是」的答案，那他/她就解決「工作成效」的議題了。但如果某人問自己「我達到目標了嗎？」可不會只滿足於一個簡單的正面答案。他/她還會繼續思考「要怎樣才能做得更好？」

　　「如何增進成效？」這個議題大概是幾百萬個研究的主題了，我將這些研究的發現和建議摘要如下：

1. 相信自己，幾乎任何事都有可能改變，也都有改變的傾向，包括你自己在內。
2. 不斷地思考「行動——後果」這樣的一個順序。
3. 每看一件事情時，想著如何改進或有沒有做得更好的方法。
4. 準確的評估狀況，可以借助他人的幫忙，但千萬不要讓別人幫你做這件事。
5. 分清楚有哪些狀況是你有能力去掌控的，而哪些是你不能的。
6. 對於無能為力的情形別只是抱著聽天由命的態度，自己要承擔一些改變的責任。
7. 為自己定一個高一點的目標，努力去做。這個目標必須

要有點難度卻又是在你能力範圍之內的。

8. 不論你用什麼方法來達到目的，心裡要有一條底限，適可而止；將眼光放遠。

9. **在認同的場合裡採取主動，展現你的活力、動力和果決。**

10. 從另一方面來說，別把每件事都變成例如你的個人秀；慎選工作的夥伴，把工作分派給他們之後，要對他們有信心。

11. 說話要算話，信守承諾，為自己贏得好名聲。

12. 適度地冒險，嘗試新的事物，別受限於自己的背景或教育程度；把握機會，必要時勇敢下注。

13. 堅定地朝目標邁進，要有恆心和耐心。

14. 遇到瓶頸時，尋找新的替代方法來改善情況。

15. 不斷地擴大自己的生活圈，多認識不同的人，不管是在你私底下的生活圈或與工作相關的領域裡。在這些私人或公事的場合裡，你說不定有機會結識重要人士。

16. 時常詢問周遭的人對你工作的想法，看他們覺得你做得如何。這個部份對改進工作成效是很重要的一環。

17. 同時，問他們如果易地而處的話，會如何解決你所面臨的問題；他們如果具備你的能力的話，會如何運用。

18. 把握每一個可以受訓的機會，尤其當這個機會是老闆提供的。

19. 當你覺得壓力很大，極需協助時，向專家尋求協助，而不是只去找好朋友談談。

20. 每一份工作都有讓你喜歡的地方。盡量把自己的幽默感表現出來，讓別人願意接近你，特別是在一些比較緊張或壓力大的時刻或場合。

21. 盡可能的讚揚你的老闆,展現你的忠誠。別將批評隨意脫口而出,要知道隔牆有耳,可能你說壞話的對象正是辦公室裡的大嘴巴。

22. 習慣將自己做過的事或協助有功的成就記下來。

23. 常想著如何成功,如何把事情作的更好或如何改進,而不是想著如何做才不會失敗。

24. 將「做得更好」視為你成功的獎賞,金錢只是一個表徵而不是終極的目標。

4. 工作成效的高低取決於我的工作是否能帶給我權力感。

這個關於「權力」的部份是一個神秘的領域，大部份的人並不願意承認自己有權力慾，甚至根本不認為自己有這樣的需求。或許某個在法國餐廳工作的服務生其實心裡巴不得客人念錯菜單上的菜名，享受糾正他們的權力；或許某個在公家的失業保險單位的辦事員，以能夠讓那些失業的人到他面前乞求協助為樂。不論是餐廳的顧客或到失業處尋求協助的人都看到了他們的權力慾，但他們卻不知道這份對權力的渴求是如何影響到他們的工作成效。如果把他們換到一份得不到權力滿足的工作，他們可能會覺得悶悶不樂。但是如果有以下這些特質的人就是對權力需索過度而變成不健康的權力癖了：

- 並不想改進工作的表現。
- 只在意自己的影響力。
- 總想得到眾人的注意。
- 希望獲得認可。
- 在溝通時希望掌控主導權。
- 金錢至上，因為金錢可以購買增加他/她社會地位的事物。

對權力有慾望本是無可厚非的事，而社會的進步與發展的確有賴於這些所謂的「領導者」。所以如果你發現自己有這樣的需求（事實上，很多人都或多或少希望自己有權力），可能可以協助你瞭解，你做某一份工作時特別有成效，是因為它所帶給你的權力，或者你對一份工作興致缺缺，就是因為它缺乏你需要的權力感。

5. 我的工作成效的好壞端視我的工作是否能滿足
我情感上的需要

　　有人很喜歡自己的工作，卻討厭必須與之共事的人；也有人
覺得工作無聊透頂，卻因為能夠和一群非常棒的人共事而忍受無
趣的工作，繼續做下去。在這兩種情形中，「人為環境」是一個
人選擇某份工作或離職的重要原因。從六零年代末期迄今，這個
因素的重要性有與日俱增的趨勢。有越來越多投身於職場的人可
能在工作上沒有什麼顯著的成就，也談不上有權有勢，卻對能夠
和自己合得來的人一起工作興奮不已。對他們而言，「人為環境」
是一份工作能否吸引他們的重要關鍵。

　　在一番思索之後，如果你發現目前的這份工作做得不開心真
的是和「人為環境」有關，那你首先要考慮的是你要不要換個不
同性質的工作。因為，不同性質的工作你會遇到不同類型的人。
比方說，你希望能跟一些比較藝術型的人一起共事或相處，但你
卻選擇電腦程式設計的工作領域，這樣你是不太可能遇到藝術型
的人。在「人為環境」的大標題下，有一項「個性類型」也會影
響你的工作情緒。不管是同事或客戶，只要他/她具有你非常厭
惡的個性類型的話，都會讓你的工作變成一場惡夢。不過，如果
你清楚有哪些個性類型的人是你十分厭惡，甚至到影響你的工作
態度和情緒，你在找工作時就要謹慎選擇，避免和這樣的人相
處。但假使你真的不得不和這些人共事，至少你知道是什麼原因
影響你的工作成效，導致你身心的疲憊。

　　下頁這個圖表可以供你作參考：

我不喜歡和…的人共事，換句話說，和…的人共事，會減低我的工作成效：

- ☐ 獨裁；
- ☐ 封閉；
- ☐ 老是道歉個沒完；
- ☐ 自尊低；
- ☐ 強悍；
- ☐ 喜歡侮辱人；
- ☐ 無聊；
- ☐ 軟弱；
- ☐ 沒組織；
- ☐ 衣著邋遢；
- ☐ 老煙槍；
- ☐ 懶惰；
- ☐ 大嘴巴；
- ☐ 老是把事情搞砸；
- ☐ 泛政治化；
- ☐ 防禦心重；
- ☐ 不誠實；
- ☐ 狡猾/有操縱欲；
- ☐ 太正經；
- ☐ 尖酸刻薄；
- ☐ 自視甚高；
- ☐ 依賴心強；
- ☐ 給人壓迫感；
- ☐ 缺乏洞見；
- ☐ 不合作；
- ☐ 反反覆覆；
- ☐ 要求過多；

- ☐ 裝腔作勢；
- ☐ 沒有道德感；
- ☐ 總是興趣缺缺；
- ☐ 不喜歡與人相處；
- ☐ 太虔誠；
- ☐ 強迫推銷；
- ☐ 拘泥於形式；
- ☐ 不斷抱怨；
- ☐ 過於熱心；
- ☐ 固執；
- ☐ 八卦王；
- ☐ 專橫、獨裁；
- ☐ 粗魯；
- ☐ 自以為是的豬；
- ☐ 斤斤計較；
- ☐ 只注意不重要的小節；
- ☐ 工作狂；
- ☐ 性別歧視；
- ☐ 種族歧視；
- ☐ 不肯接受新觀念；
- ☐ 沒禮貌；
- ☐ 怪東怪西的；
- ☐ 不肯冒險；
- ☐ 偽君子；
- ☐ 太嚴肅；
- ☐ 卑鄙；

- ☐ 逢迎巴結；
- ☐ 情緒化；
- ☐ 做事不明確；
- ☐ 固執己見；
- ☐ 刻板；
- ☐ 控制欲強；
- ☐ 自我中心；
- ☐ 不負責任；
- ☐ 動作慢；
- ☐ 愛窺探別人的是非；
- ☐ 傲慢自大；
- ☐ 自命不凡；
- ☐ 易怒；
- ☐ 不談私事；
- ☐ 脾氣暴躁；
- ☐ 軍隊式管理；
- ☐ 非常害羞；
- ☐ 不公正；

其他：

_____

_____

_____

_____

_____

上圖所列的都是一些負面的形容詞。約翰·克里斯托（John Crystal）曾經說過，人習慣將過去的經歷以負面的形式存在腦海裡。所以，要喚醒過去記憶最好的方法，也是用負面的問題，例如「何種人最讓你反胃？」只是，回顧完過去之後，我們得要以正面一點的態度來看未來。作法是將過去不愉快的經驗，轉化成對未來的期望，例如：

從過去的經驗中，我知道和……的人共事最會減低我的工作成效：

操縱欲強；
無聊；
不負責任；
正經八百；
愛說教；
沒有能力；
不可信賴；
呆板；
爭強好勝；
怯懦；
衝動；
少根筋，殘忍，粗魯；
非常挑剔；
容易被使喚；
沒有成效；
有崇高的道德感；
自以為聰明；
喜歡嘲笑人；
八卦王；
自我中心；
盲從；
消極；
動作慢；
膚淺；
獨裁；
自虐；
自以為是；
優柔寡斷；
輕率，虛榮；
固執；
沒有紀律；
下流；
無法溝通，神秘兮兮的；
自卑自憐，愛發牢騷；
乏味，軟弱無力；
充滿誘惑；
給人壓迫感；
武斷；
無可就藥的多愁善感；
自大；
甜言蜜語；
易怒；
多疑；
悶悶不樂；
冷言冷語；
不直說自己的想法，假借第三者的名義；
髒亂；
發言冗長，沒有重點；
完美主義，不能承受自己或別人的失敗。

所以，我要讓自己在未來的日子裡盡可能的和……的人相處：

直接，誠實；
能夠激勵，鼓勵我；
負責，盡職；
有幽默感；
能容納不同的意見；
有能力；
值得信賴；
有彈性；
能與人合作，給予支持；
敢於獨立作業；
在經過詳細的規劃，縝密的思慮之後，敢於適度的冒險；
能尊重別人的感受；
給予正確的意見，告訴我如何做得更好；
有主見；
有成效；
珍惜自省的片刻；
不道人長短；
至少花一半的時間傾聽；
理智；
樂觀；
步調適中；
真誠；
民主；
健康，整潔乾淨；
不斷地自我學習；
果決；
勇於做自己；
心胸開闊；
自律；
有禮，細心；
說話直接，坦率；
自動自發；
有定見；
給人空間和彈性；
公平；
有同理心；
謙虛；
果斷；
內心祥和；
能夠信賴別人；
快樂；
給予鼓勵，讓事情進行順利；
能夠清楚表達自己的想法和感覺；
整齊；
說話簡潔有力，說出重點；
了解人有其限度。

6. 我的工作成效取決於工作是否滿足了我對愛與被愛的需求

看到這個標題，你心想「這要求太多了吧！」不過，在我解釋之前，我想先說個故事。我的好朋友，史丹‧羅傑斯兩個月前逝世了。他是個非常好而且睿智的人。在他逝世前不久，我和他還有我的一個同事一起吃午餐，聊聊近況。席中，我講到我最近一次相當不愉快的演講經驗。邀請我去演講的主辦人不但沒去接我機，也沒在我住宿的飯店留下隻字片語！我不斷地數落他的不是。聽我說完這次的事件之後，史丹說「我聽到的一連串不是，其實是他沒有做到的一些社會『儀式』。我們都會一直去注意別人有沒有做到這些『儀式』，但其實背後真正的意義是在我們想知道別人是不是真的在意我？所以在我看來，你的故事的重點並不是主辦人沒有做什麼，而是他讓你覺得你並沒有受到重視和關心！」史丹的死讓我想了很多。他總是讓我感覺到被愛和被珍惜，特別是當我陷入困境時。 對很多人而言，這就是他們想在工作中得到的感覺。當我們回顧過去，想起曾經做過的工作，浮現腦海的是那些讓我們覺得被欣賞、珍惜和關愛的人。簡單一句話，就是讓我們有被愛的感覺。如果以往的工作中你曾遇到過這樣的人，或你目前的工作就有這樣的人，那你對這份工作的觀感會完全不同。所以工作除了帶給我們忙碌、樂趣、成就感或權力之外，工作同時也滿足我們對愛的需求。

在得到愛的同時，我們也給予愛。我們希望在某處，當某人思索在他/她人生中的某個工作對他/她特別有意義的原因為何時，你的名字浮現在他的腦海，因為你讓他/她有被愛的感覺。我們人不僅有愛的需求，同時也有給予愛的能力。在我們以成功或成效來衡量一份工作時，我們往往不知如何去談論對愛的需求，所以我們用『儀式』代替之。我們會聽到有人說「你知道嗎?他在致詞時感謝所有的人，偏偏漏了我! 你可知道我投注多少的時間和心力在那份工作上嗎? 」「她好像把我的存在視為理所當然! 等到她收到我的離職通知時，她就知道後悔了!」就這樣，我們抱怨著自己被忽略、不受重視、被錯待、被視為理所當然。我們說誰沒履行他/她的承諾、不守信用、沒有回音、沒回信、沒回電話、忘了某某紀念日、忽略我的貢獻、不守信約、不準時、從來沒說聲謝謝、不採用我的構想和意見、不聽從我的建議等等。這些都是『儀式』，我們可以談論的儀式，但說不出口的是我們想要感受到的愛與關懷。但無論我們有沒有辦法說出口，甚至能不能承認有這樣的需求，這的確是一個協助我們把工作做好的關鍵。所以，在你評估自己的工作成效時，記得思考一下這個問題「你是否有被愛的感覺?你又付出了多少愛?」

成效議題總結

如果你想在目前的工作獲得升遷、提拔，你最好養成記日記或周記的習慣，紀錄下你工作上的成就及作為。這是一個非常重要的動作，道理非常簡單，當公司有職位空缺或考慮要拔擢你時，你必須要有一些可以證明你對公司有貢獻的記錄。如果你平日沒有這樣的習慣，等時機來到只想靠自己的記憶來說明你某年某月做過什麼事的話，那太籠統了，沒有多大協助。也別指望你的上司會幫你紀錄你有什麼表現。不過，如果你要的不是升職，

往上爬，那你可以朝「成功」的新定義發展，指的是一個人內在與外在不斷地成長。

　　我們所談論的成功或成效指得不僅僅是你的工作，更是你的一生。有許多人錯將他們的生活分成兩個部份，一部份是家庭，一部份是工作，卻忘了兩者在人生中有著等重的位置，因此，事業上的成功往往是犧牲家庭之後換來的。兼顧兩者是一件困難卻十分重要的事。

如何得知自己已達到目標？

　　總是會有一些完美主義的讀者不滿足於「成功」的一般定義，希望能夠做得更好、更多。在談到「工作成效」的議題時，他/她們想要知道「盡善盡美的成效」是什麼樣子?答案沒有人知道，但硬要我說的話，「盡善盡美的成效」應該是指將學習、工作和休閒達到一個平衡或融合的狀態。而通往「盡善盡美的成效」的路徑有二：

路徑一：

　　試圖平衡學習、工作和休閒是「盡善盡美的成效」的初級階段，此時，這三件事分別佔據人生三個不同的時段，「我現在在學習，我現在在工作，我現在在休閒。」你的目標就是將時間平均分配。近來，職場裡有兩個很有趣的現象，正可有助於這種時間平均分配的實現。其一我們名為「工作分享」（Job sharing）。作法是找一名同伴，一起去應徵一份正職的工作。對那些經濟狀況許可，不一定要有一份正職的薪水的人來說，這倒是一個既可以讓你有更多選擇，同時又可以有更多學習和休閒的機會的好方法。另外一個現象是所謂的「彈性工時」（Flexitime），員工可以自行決定工作的時間，只要達到每週最低 40 小時的要

求即可。

路徑二：

　　進階的做法是將人生三事視為每一個階段的三個不同層面。因此，在這個階段我們更進一步，談論的不僅僅是如何在三件事當中尋求平衡點，更是將它們融合成一體。最理想的狀況是工作成為一種樂趣，以致於你已經分不清究竟是在工作還是在享樂，同時你也從中學習到很多。所以，這三件事對你而言已經合而為一了，你在工作的同時也在享樂也在學習。已經有人能做到這樣，而我也可以大膽的說，他們的確是達到「盡善盡美的成效」。我們也要好好的努力，認真去看待、實現這個目標。

瓶中信：救命啊! 我是一個被禁錮
在五十歲身體裡的二十五歲靈魂!

CHAPTER FIVE
邁向更均衡的生活：終身休閒

　　終於，在我們討論完「教育」和「工作」之後，緊接著而來的議題，應該就是「退休」了。就像人們所習慣的順序一樣，輪番上陣。

　　如果是以現今社會大眾的觀點來看，你可能會預期這個章節所提出有關退休的種種，講的必定是如何在你人生的夕照之年享受休閒生活。事實不然，要是你仔細閱讀過前面的章節，你就會知道，所謂的生涯規劃，也包括「終生休閒」這個概念。意思就是，休閒生活並非必須等到進入老年時期，才能擁有的。人的一生，不論是在哪個時期，都應該擁有一定程度的休閒生活。所以這個章節所要討論的課題是：如何在人生當中的任何時期都享有正常的休閒生活，並且在學習、工作、及休閒三者之間取得一個良好的平衡。

在退休的世界裡，如何瞭解處境？

跟第三、四章所提過的方法一樣，你可以跟有經驗的人訪談，也可以藉助一些書面資料。至於你可以問些什麼問題呢？舉例來說，你可以問：「你認為退休的世界應該是什麼樣子的？」（如果你還不到退休的年紀），或「你所經歷過的退休生活實際上是如何？」（如果你已經退休了）。這些問題觀乎你是否能夠事先準備好自己，以及你是否能縮短適應這個新的世界所需花費的時間。

每個人都常會有機會與年長者談話，這些長者遠比我們早進入退休這個階段。如果你能夠好好的把握與他們談話的機會，問問他們的意見，聽聽他們所認為的退休的世界是什麼樣子的。參考他們所談到的經歷，你可以事先得知並學到很多的教訓，藉此避免自己以後犯下與他們同樣的錯誤；更可以效法他們，學習那些有用的技巧，以便解決日後會遇到的難題。至於要問些何種問題呢？其實是與前面幾章的問題差不多。你可以問他們：

* 哪些事情是你覺得在退休的世界裡最喜歡、最享受的？
* 哪些又是你最不喜歡的？
* 你希望別人告訴你關於退休的哪些事？
* 你曾面臨很嚴重的難題嗎？如果有，你有試著去解決它嗎？是怎麼處理的呢？怎樣才能取得對自己最有協助的資源或觀念？

就這樣，藉著提出這些問題，你一定可以學到很多寶貴的經驗。你絕對可以在進入退休階段之前，預先瞭解將會發生什麼事情，就像你已經認識或知道一個多年的老朋友一樣。但是你必須親自去下功夫，認清楚這麼做得意義是在為自己的未來做準備才

行，這樣子你才會認真的做練習、去訪談、或去找資料，並找出一條適合自己的方式來。

如何在退休的世界裡求生存？

「生存之道」這個議題，可以分成好幾部份來討論，現在就讓我們來看看有哪些部份：

生理上的生存

即是否能保持生理健康。就「生存」這個議題來說，你必須要考慮的並不僅僅是你是否健康。看看下面所列的幾個項目，你必須決定自己是：

a) 將自己的健康完全交給醫生或其他專業人事去處理；或者…

b) 完全由你自己去掌控，不假手醫生或專家；還是…

c) 與醫生合作，一起為你的健康作一個全面的照顧。

如果你比較傾向後者，我相信市面上有很多與此相關的的書籍，可以提供你一些協助。

經濟上的生存

不管是企業界或者是政府，他們為了員工所開辦的退休輔導課程，大部份都會將「經濟生存」為最主要的內容之一。在退休的世界裡，是否能在經濟上生存是一件非常重要的事。事實上，不只在退休的世界裡很重要，它在人的一生當中一直都扮演著舉足輕重的角色。

如何求得經濟上的生存，可以分成三方面來說：

a) 如何將手邊現有的金錢作最適當的處理；

b) 如何開發新的財源；

c) 既然你所有的金錢永遠不能夠滿足需要，那要如何將生活必須的開銷減至最低。

　　如何將手邊現有的金錢作最適當的處理，這個部份你可以從很多書面資料當中找到許多很有用的方法。至於如何尋找新的經濟來源，如果你沒有工作的話，這個問題可能會很棘手。不過，我們一直強調的是一種「終身工作」的概念，只要你沒有太大的生理障礙，可以再自行創業或再找一份工作。你可以參考書後附錄二的求職指南，相信對你找工作會有很大的協助。

情感上的生存

　　很少有人不曾在人生當中面臨精神瀕臨崩潰的狀態，大聲哭喊著：「我再也受不了了！」。在人的一生當中，難免會遇到幾次向這樣的危機。除去生理或經濟上的壓力，有些危機甚至會給自己的精神帶來很大的負擔。我再次重申，我們所要討論的議題不僅僅在退休的世界裡會遇到，只能說在退休後的生涯中，我們更有機會碰到這個問題，尤其是在人際關係方面。有些夫妻會發現退休後的生活回歸平淡而簡單，這讓彼此有更多的時間，更沒有障礙的來瞭解對方。那些深愛著丈夫的家庭主婦，多年來在老公心目中的位置是屈居在他的工作之後的，如今發現她的老公好像重新的回到了她的身邊，兩人的關係就像重回到蜜月期一樣。

　　但另外有些夫婦卻沒有這麼幸運了，退休的生活對他們來說可能是個夢魘。因為他們突然發現，他們之所以能夠容忍彼此這麼久的原因，不過是因為他們把每天大部份的時間都花在各自的工作上面。我記得曾經問過一個正在辦理離婚手續的 67 歲的老婦人，為什麼這麼多年來都能忍受的婚姻關係，如今卻一定要以離婚的結局收場呢？她回答我說：「他是個暴君。在他還有工作時，他可以把脾氣都出在他的員工身上。但是自從他退休之後，他整天就只知道坐在家裡，使喚他現在唯一可以使喚的人，就是我。我厭惡他這個樣子。我體認到我接下來可能還有好幾年的時間必須忍受這樣子的生活。我想，為什麼我要讓他如此毀了我剩餘的人生呢！」

　　以生涯規劃的觀點來看，在情感上求得生存的原則跟尋求經濟上的生存是一樣的。也就是說，你並不是第一個碰到這個難題的人。早在你之前就有許多人經歷過相同的情況。你可以經由前人的經驗當中學習一些教訓。也可以閱讀他們所寫下來的書籍，並從中獲益。

不論是什麼原因（包括死亡），如果它造成你與所愛的人面臨必須分離的情況，最是令人無法承受的了。這裡有三種方法可以協助你度過類似的難關，不管造成壓力的因素為何，它們都可以給你適當的協助。

1) 主動面對問題並想辦法解決。不要只是坐以待斃、自怨自艾。等著上帝證明他/她是愛你的。不要以為別人會來拯救你，更不要天真的相信問題會自動消失，迎刃而解。要記住，這是你自己的人生，沒有其他人會重視你的人生更甚於你自己。雖然非常的殘酷，但這就是現實，你必須用盡自己的力量去一點一點的撫平自己的傷痛。

2) 試著找到一些你認識的人，家人或朋友都可以，讓他們當你情感的依靠，向他們訴說你的困難。找一個你認為最能瞭解你，你最信任的人，告訴他事情的經過，並且訴說你的感覺。至於其他人，只要告訴他們大概的經過就好了。如果你不想嚇跑所有人的話，記得不要一直在不太熟的人面前表現出一付很可憐的樣子，甚至重複說著你有多痛苦，你遭遇到了何種事情等等。這樣的自怨自憐不但不會引起別人的同情，反而會造成反成效。反之，你可以對他們說：「這一陣子我經歷過了一段很艱難的時期，但是你們的友情和精神上的支持，給了我很大的協助。」

3) 當其他人在遇到困難，選擇把你當成傾吐的對象時，不要只是用同情的口吻來安慰他們。你可以問問他們，他們有什麼感覺，他們是否有找到一個很好的方法來度過這樣的難關。你會很驚訝的發現，他們的經驗和遭遇正足以當成借鏡，供你學習。

如果你真的已經照著上面的方法去做了，卻仍然沒有辦法減輕你精神上的痛苦。那麼你可能需要所謂的專家的協助了。

精神上的生存

什麼是精神上的滿足？這對不同的人來講代表著不同的意義。對有些人來說，這意味著與上帝之間的關係良好或者任何你認為是宇宙間最高精神領域的象徵。有些人並不相信有這樣一個至高的人生體存在，他們所認為的精神上的存活，指的是人最基本的本質，怎樣能在千變萬化的人世間，維持一個完整的自我。還有一些人的想法很簡單。他們以為的精神上的存活在於，維持人的善，不要讓原本寬容的心變的尖刻，不要讓正直的意念變成邪惡，這就是他們要保持的。

不同的對於精神存活的觀念，當然必須仰賴不同的實踐方法。有借助於宗教的團體的協助、禱告之類的，也有取材於生活所發生的事件慢慢領悟體會的。然而最終能成功達到精神上的滿足者，他們似乎都有幾個共通點。

1) 萬物皆歸於一元。比任何宗教上的信念更為重要的，就是追求唯一的一個真理。萬事萬物都有其相互關聯性及所謂的因果關係。萬物皆歸於一元即指這種追求統一，追求真正的本質的慾望。

2) 擴展自己的人生視野。我們在前面就有提到有關人生的哲學的議題，那些真正成功的人無不能將生活當中所有的經驗當成每一次學習的機會，能夠賦予它們更深一層的意義。

3) 追尋真義。我曾聽過一位醫生提起他與他的同事所做得一項研究。在這個研究當中，他們想要找出為什麼有些

病人能夠較快痊癒的原因。所以他們在紐約市立醫院裡挑出了幾對患有相同疾病，正接受相同治療方式的病患來做為他們觀察的對象。果然就有病人能夠較快痊癒的現象。研究人員試著就他們的年齡、身體狀況、信念、樂觀的態度和信心等幾項要素來一一比對、做比較。然而沒有一項跟痊癒的速度有關連。有一天，研究人員突然想到了另一個要素，並試著做比較。後來發現，如果一個人能夠坦然的面對人生當中的每一件事，並且相信所有的事情都有其一定的前因後果，而不是毫無目的、毫無意義的就發生了。有這種想法的病人，果真能比其他人更快速的從病痛當中走出來。從這點來看，精神上的存活似乎意謂著相信世間上的萬事萬物皆有其意義存在。雖然在當下，你可能找不到任何證據能夠證明發生在你身上的事情是有其意義的。

到目前為止，我們已經將這一些與「如何在退休的世界存活」相關的議題作了一個簡單的介紹。就一個良好的生涯規劃來說，如果你在退休之前即對這個階段有了一個很完整的考量和計畫，那麼相信你非常能很容易的適應這個階段的生活。但是如果你沒有也沒關係，從現在開始也不算太遲。

退休的意義或使命？

根據調查指出，大部份老人退休後的生計，是靠少得可憐的社會福利金或退休金來維持的，而這些人多半都去逝的很早。更有跡象顯示，有些男人在退休之後，除了發現自己突然失去習以為常的工作之外，更失去了他之所以能夠引以為傲或能夠證明自己價值所在的主要因素。但是對部份女性來說，卻又是另一種情

況了。她們可以一生都在工作，她們的辦公室或工作的場所就是她們的家。而這份工作卻是永久性的，沒有停止的一天。這兩種情況可以用下面的圖表來表示：

傳統男性的生活則像下圖：

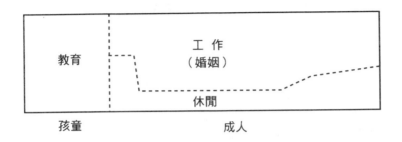

隨著社會的變遷，文化的改變。女性同胞們也漸漸的從家庭走入社會，有著與男性同樣在工作上的成就感和自信。但是有利就有弊，這表示這些把人生的意義完全放在工作的成就上的人也越來越多了。一旦他們退休了之後，是不是就失去了人生的目的和活著的意義了呢？那麼他們所謂的意義是不是太狹隘了？如果你想要有繼續活下去的動力，那麼一個良好的生涯規劃的確是攸關生死的。其實能夠證明你在退休之後還是有你的自我價值的方法很多。你可以在一些休閒活動當中找到一些意義；或者你也可以參加一些學術活動吸收新的知識等等，甚至去作義工都可以。

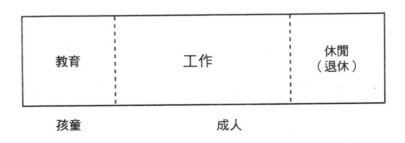

想要在退休的世界當中找到屬於自己的意義或的方法，其實跟之前我們提過的在工作上或在學習的階段所用的方法其實是有異曲同工之妙的。如果你已經熟悉了前面說過的那些內容，相信這個部份對你來說也不會是個難題的。

如何對自己的退休生活作一個成效評估

成效練習＃1
人生的回顧

　　如我前面所提到的，對自己作一個成效的評估是一種很自然的反應。在人生的旅途上停歇片刻，回顧過去走過的歲月，想一想，自己在過去的某一段日子裡表現如何？做得好不好？夠不夠？而當我們的人生走到退休這一個階段時，我們可以很清楚的回顧自己的一生，不同的階段，從幼年期到青年期一直到長大成人。根據華盛頓國家老化研究中心的一項研究發現，藉著有系統的回顧省視自己的一生，能協助年長者獲得一種「人生的圓滿和意義」，進而擁有愉快的晚年生活，及平靜的死亡。

　　不管你是幾歲，都可以用下面這三種方法來做「一生的回顧」。

　　1. 寫下來。基本上類似自傳、日記或札記的性質。

　　2. 說出來。你可以採獨白的方式回顧一生的經歷，並用錄音帶紀錄下來。或者可以找個人與你做面談，請他/她聆聽你的敘述，同樣的用錄音機錄下來。這個人可以是你的親人或任何你熟悉且信任的人。

　　3. 畫下來。畫一條線代表你的一生，在上面標示出你曾經做過的重大決定，在哪些時間點上做個記號。

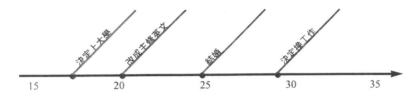

以哪個點做起點畫一條斜線向上，並在線上註明你做了什麼決定。如下圖：

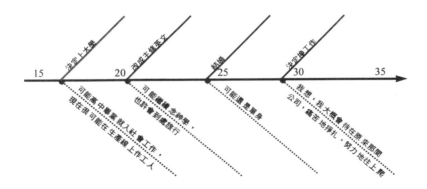

然後，為了突顯你做得決定產生的戲劇性成效，現在再在每一個點上畫一條斜線向下，並在每一條線上寫下，如果你沒做哪個決定的話，可能發生的後果是什麼。如下：

在那條人生之線上的每一個點都代表了你的自由意志。正如我所說的，如果沒有兩種以上的選擇，沒有一個人是真正自由的。這樣的一個圖例只是要提醒你，你可以自由的選擇你所要的。在你的人生當中，你可以有這麼多次的機會，這麼多不同的選擇，而這就是一張顯現你的人生裡所有可能性的圖表。這同時也可以顯示你是依照什麼準繩來做決定，何種信念或永恆的價值

觀在左右著你的決定。你可能相當清楚影響你決定的因素是什麼，但有時候，你必須要經過一番思考、審視才有可能了解原因。

下面是一些你思考時可以想的問題：

- 在你回憶裡，哪一刻發生的事讓你印象最深刻？
- 當你回想過去時，是誰的臉孔清晰地浮現在你腦海
- 是誰的聲音在你耳邊回盪（家人、同學、同伴、同事、愛人、偶像或敵人）？
- 你最信任的人是誰？
- 你最希望自己能像誰？
- 哪一件事最讓你感動？
- 改變、影響你最深的一次經驗是？
- 最令你難過的場景？
- 你最最喜悅的場景？
- 在你人生中，是什麼讓你可以一直堅持自己的信念不變的？（因為某些人？是因為沒離開過家鄉？是因為經歷過的死亡太少？是記憶、宗教信念、獨身還是 ……？）
- 又是什麼造就你人生中的改變？（喜歡冒險、刺激？是遷徙、社會變化、離婚、改變宗教信念、有人死去、老化，或？）
- 你最後悔做過的決定？
- 你做過最令你高興的決定？

要是你早點做「生涯回顧」，而不是等到七老八十才做，你還可以經由這樣一個動作找到你人生的新方向──回顧過去，策劃未來。

一開始，我們可能會把重點擺在「找出自己做了哪些決定」

上面，但隨著年齡的增長，評估自己是「如何作出決定」的重要性也越來越高。在現實生活當中，我們會與他人產生一定的互動關係。至少有一個特定對象，他/她的意見或多或少的會影響我們的決定。這一點與下一個練習有關：

成效練習 # 2
共享做決定的權力

　　不久之前，在大多數的家庭裡，家中所有大事的決定權和主導權毫無疑問地掌握在丈夫或父親的手裡。在那樣一個父權至上的文化裡，婦女不但很少外出工作，她們的意見也常被忽略。但是，時代慢慢在改變，這種情況也漸漸地有所改善。丈夫開始詢問妻子的意見，甚或請妻子作決定。隨著女性解放運動的興起，這種情況也越發明顯。妻子/母親和丈夫/父親開始共同作決定。一開始雙方會希望在共有事物或關係上發表自己的意見，並取得共識。因此，取得共識對每個家庭來說也變得越來越必要了。因為在現今這個社會，夫妻同是上班族的情況比比皆是，他們工作的地點通常也決定了居住的地點。所以，如果說夫妻兩人各自都有工作，而太太在另外一個城市有個更好的工作機會，這個時候這對夫妻是否要隨著太太的新工作舉家遷離嗎？要解決這個問題並不容易。除非丈夫對於求職很有一套辦法，對新環境、新工作都有很好的適應能力，丈夫也願意與妻子一起轉調到新的環境。另外具影響性的一點，是雙方如何看待彼此間的關係，是否視彼此為禍福與共的共同體，還是相互競爭的對手？但，即使雙方都非常重視另一半的意見及倆人所做得共同決定，他們仍然要面臨一個問題，就是不知道該如何做，才能使雙方在達成共識之餘，都能滿意他們所做出來的決定。要解決這個問題，最通用也最為人所熟知的辦法大概只有——互相妥協。

　　就退休這個階段來說，我們來看看有何種方法可以達到最好的成效。假設現在有一對夫婦，愛麗絲和泰德，他們想決定退休後在哪裡定居。其中，太太想住加州，丈夫卻想住科羅拉多州。如此一來，他們勢必要互相妥協才能達成共識。最後，他們選擇定居在亞歷桑納州，正巧在加州和科羅拉多州的中間。但這樣，不論是泰德或愛麗絲都無法得到自己想要的，兩人只有同聲搖頭歎氣的份。這的確是相互妥協的一種方式，但以下我要提出的是一個更能有效達成共識的方法（這些步驟你應該已經很熟悉了，只不過順序有點更動）：

　　分解因子、記憶、排序、聚焦、研究、命名、發現
　　── 連連看、 B 計畫

　　現在就讓我們來看看這些方法如何協助泰德和愛麗絲解決他們的問題。首先要作的是分解因子。讓他們各自列出一張圖，寫下他們喜歡某地的原因，就像下面這個樣子：

泰德 （我喜歡亞歷桑那的理由）	愛麗絲 （我喜歡加州的原因）
可以滑雪、	靠近海邊、
天氣寒冷、	一年四季都溫暖的天氣、
會下雪、	多元性的文化、
有小型的社區、	便利的大眾運輸系統、
富有文化 氣息：音樂、藝術等	臨近大都市及醫療系統、
等；	好的報紙等等。
樹木、綠野等等。	
乾淨的空氣	

　　現在，我們有一個好的開始，下一步他們要開始回想（記憶）。試著想想他們還住過哪些地方，而那些地方又有些什麼樣吸引人的特質。如下圖所示：

泰德 （我為什麼喜歡這些住過的地方）	愛麗絲 （我為什麼喜歡這些住過的地方）
可以滑雪、	靠近海邊、
寒冷的天氣、	一年四季都溫暖的天氣、
下雪、	多元性的文化、
小型的社區、	便利的大眾運輸系統、
富有文化氣息：音樂、藝術等等；	臨近大都市及醫療系統、
樹木、綠野等等；	好的報紙等等、
乾淨的空氣、	優美的自然環境、
可以做園藝的空地、	有很多電視台、
良好的成人進修環境、	公園、
活躍的教堂、	好的餐廳、
社區服務、	有空間養寵物、
各種文藝活動、	好的博物館、
友善的人們、	步調慢、穿著輕鬆、
物廉價美的商店、	社區認同感
有悠久歷史的城鎮	

　　完成了這一個步驟之後，接下來就是排定先後順序了。問自己哪些是必須要有的因素，哪些是對自己最重要的項目，缺一不可。排列出順序：

泰德 （我想要居住的地方必須具備...）	愛麗絲 （我想要居住的地方必須具備...）
1. 樹木	1. 溫暖的天氣
2. 友善的人	2. 優美的自然環境
3. 乾淨的空氣	3. 公園
4. 良好的成人進修管道	4. 輕便的衣著打扮
5. 滑雪	5. 好的報紙
6. 小型的社區	6. 靠進海邊
7. 物美價廉的商店	7. 多元的文化
8. 活躍的教堂活動	8. 便利的大眾運輸系統
9. 下雪	9. 臨近的醫療設施
10. 園藝工作	10. 好的餐廳

這樣的一張圖一旦列了出來，他們就可以很明顯的看出哪些事是很重要的，不可或缺的，而哪些不是。清楚了這點之後，他們就可以好好談談如何讓事情變得更可行。現在，我們要做「聚焦」的動作，把兩人各自覺得最重要的因素挑出來，且合併在一起，如下圖：

泰德和愛麗絲認為必要的居住條件是
（我想要住在一個這樣的地方）：

A. 溫暖的天氣

1. 樹木

B 優美的自然環境

2. 友善的人

C. 公園

3. 乾淨的空氣

D. 休閒服飾

4. 良好的成人進修管道

E. 好的報紙

5. 滑雪

F. 靠進海邊

6. 小型的社區

這樣一張表代表著雙方的意見都已經提出來了，不再是兩人妥協屈就所決定出來的。緊接著下來，就要開始找資料了（研究）。這個步驟很簡單，利用一切可用的資源，問朋友、去圖書館查資料，直到找到適合的地方為止。仔細找，其實沒有這麼的困難。其中可能有些條件會互相抵觸，比如說泰德喜歡滑雪，但愛麗絲希望住在靠海的地方。就這一點來說，加州就是一個不錯的選擇，它正好介於山和海的中間地帶。真的沒有我們想像當中的困難，作一個詳細的資料搜查一定可以解決這些問題的。

　　剩下最後兩個工具，一個是發現-連連看，一個是準備好 B 計畫。「發現——連連看」，顧名思義就是試著與當地的人或任何能夠提供你們相關資訊的人聯絡。請他們盡可能的協助你們瞭解當地的情況，以便確定是否與你們希望的條件相符合。最後就是隨時準備好 B 計畫，提供另外一個選擇。

　　我相信藉著泰德和愛麗絲的例子，讀者都應該清楚的瞭解到，我們隨時都有機會必須跟另一個人來共同作決定。分解因子、記憶、排序、聚焦、研究、命名、發現——連連看、 B 計畫。這些正是共同做決定所需要的良好工具。你會發現你與他人的關係也會因此而更加密切也說不定呢！

成效練習 ＃ 3
學習去向外求援

　　不管在哪個階段，我們都會遇到一個問題，那就是孤獨，尤其是到了退休時。想想看，你是否已經習慣於生活中有另一個人的存在？你與你的另一半一直是一個共同體，一起做決定，一起生活，突然有一天，他或她因為意外或任何因素不在了或離你而去了，這時候你被迫進入一個你非常不熟悉的情況裡 ——孤獨———個全新的世界。這個時候你必須自己一個人重頭再開始爬一

次人生的金字塔，去瞭解處境！在孤獨的世界裡生存！找出其中的意義或使命！

　　如果要深一點來談，「孤獨」和「寂寞」兩者之間其實是有很大的差異的。「寂寞」表示渴望與他人接觸的意思。而「孤獨」卻是指一種單獨一人，一種獨自存在的狀態，人甚至會滿足並且享受自己能處於這樣的一個狀態之下。「寂寞」是一種低潮，但是「孤獨」卻能成為任何你想要它成為的樣子。幾個世紀以來，有很多很特別的人，他們很能夠把孤獨轉變成為另一種成就，例如一些偉大的思想家、藝術家、作家、醫生、僧侶等等。在這樣的名單當中我們可以加上「整天被孩子吵的快要瘋掉了的家庭主婦」和「無法擺脫一堆繁雜人群的行政人員」，甚至是「你自己」。就生涯規劃的觀點來看，對上面的這些人來說，孤獨並不

像洪水猛獸一樣，需要趕快逃離。它反而例如一個理想的生活環境、一個夢想中的境界，是他們一輩子所要努力達到的層次。所以，不要這麼的害怕孤獨，即使你曾經習慣於有另一半的存在。它並不會致命，相反地，要想著孤獨所可能帶給你是什麼樣新的境界。在這個世界裡，你可能會更有創造力、更加有人生的滿足感。只要你能給自己訂定一些目標，一些只有在孤獨的世界裡才能達到的目標。

- 去做那些你一直很想做但卻苦無時間、苦無地點作的事。
- 去拜訪那些當你身邊還有另一個人的牽絆時，沒機會見面或拜訪的人。
- 去閱讀一些你從前很想讀卻沒讀成的書。
- 去修習一些你很有興趣但一直沒有時間參加的課程。
- 作一些休閒活動，如逛逛美術館等，這些平常較無閒情作的活動。
- 作一些身體的自我檢查和調養。
- 讓生活過的更規律一些。
- 所有以上的事。
- 還有除了上面所提到之外的一些東西。

如果你事先能作一個像這樣簡單的項目條列，你就可以發現孤獨的好處在哪裡。

與孤獨相對應的，就是寂寞了。如果你實在不喜歡獨自一個人生活，那麼，你可能會覺得作什麼都不順，沒有辦法達到自己的最佳狀態，甚至是失去了自我。這時候我們就必須要盡量使情況不這麼的糟糕。不要讓自己真的陷入了頹廢、無力的寂寞當中而無法自拔。當你寂寞時，你可能會覺得心裡不太舒服或有一點

無力感，但是你還是可以繼續工作、繼續生活，持續正常的作息。適當的自我約束絕對能夠幫祝你度過過渡時期，讓你還能用正面態度去面對事情。要相信，否極終究會泰來。但如果你是那種，一旦處於寂寞的狀態，就會不可收拾的變得極為頹喪，茶飯不思，什麼事都提不起你的興趣，什麼事都做不了，只知沈溺於無法忍受的寂寞當中的人，那麼你就很難跳脫這樣的情緒了。這時候你可能要強逼自己走出去，接觸人群-去上治療課程，去作義務性的活動，去參加聚會，尋找友善的面孔，真情的對話或親密的接觸。既然你無法從寂寞的情緒中走出來，那麼就試著走入人群當中，讓人情的溫暖支持你，協助你振作起來。

但是如果你不只是孤單，還為疾病和身體的虛弱所苦，寂寞的感覺更是難以平覆。試試看每天寫一封信給不同的人，看看這麼作是否能讓你與關心你的人保持接觸，是否能協助你跳脫寂寞的藩籬。

只有你知道自己是否適合孤獨的世界，在何種情況當中才能夠發揮自己的極致。寂寞其實是可以治癒的，單單只等著上帝，等著家人或朋友來看你，來證明他們關心你才是最無可救藥的。不要再妄想了！如果你現在正處於很孤單，很寂寞的時期，把這個寫下來：向外求援、向外求援、向外求援。真的！自己的人生掌握在自己的手裡。不管它是如何或不是如何，不管它會變成什麼樣子，完全在於你自己，沒有別人。等著別人來救贖只會導致死亡的結果。希望你最終選擇的是活下去。

　　　　　當我年老時所要遵守的一些準則：
　　　　　不會讓別人一見到我就想逃走：

1. 要求自己，不要每天就知道煩那特定的幾個人，盡量與不同的人接觸。這樣別人才不會說：「喔！又是他！」不管是打電話、親自拜訪或寫信都一樣。

2. 要求自己，如果自己的記憶力退化了，記得把自己寫過的信，和別人說過的話隨時記下來，以免下次又重複提起同樣的事情。這並不是說我們會忘記自己的故事，而是忘記我們跟誰說過了。

3. 要求自己，不論是在與別人講電話或正當面對談時，提醒自己要讓別人也有發言的機會，並盡量談談樂觀開心的事情，不要只是抱怨或講一些負面的事情。

4. 要求自己，每當別人在跟我訴說發生在他們身上的事時，一定要有適當的回應。我指的是真正的回應，不要只是急著繼續說自己的事情。不要讓對方有這種感覺，好像我只是等著輪到我說話的時間，不給對方一些尊重。

5. 要求自己，不要老是緬懷過去，遙想著當初的日子是多麼的美好。而要活在當下，讓現在的自己證明日子可以過的一樣的美好。我可以繼續閱讀、欣賞、和學習，我永遠有新的看法、新的見解。如此一來，不管是老或少都會覺得和我相處是件愉悅的事，就像我覺得跟他們相處很愉悅是一樣的道理。

這些準則對每個人來說都是很有用的，應該好好的記下來。

成效練習 #4
能否在學習、工作和休閒三者當中取得一個平衡

就跟前面幾張的最後，我們所討論的一樣，你是否能在學習、工作和休閒三者當中取得一個平衡呢？你是否學到了什麼方

法了呢？你能夠在學習時，同時也在工作，甚至能把你做得這些事都當作是一種娛樂嗎？如果可以的話，你可以說已經成功的跳出這三個大箱子了。那麼如何退休生活才是最好的呢？讓我們回到正題吧！

終身的休閒和娛樂生活

在我們開始討論什麼是休閒生活以前，先讓我來解釋一些詞語：

- 非工作時間：這是指所有不用工作的時間，上班前準備的時間、去上班、上班中、把工作帶回家作的時間，這些都不算在非工作時間當中（常常會被錯誤的當作所謂的休閒時間）。
- 私人的時間：還要從非工作時間裡扣除的，如洗衣服、穿衣服、做運動、吃飯等等。
- 睡眠時間：除了私人時間之外還需要從非工作時間裡扣除，睡眠、打盹都算。這是屬於較個人的。
- 與家人相處的時間：再從非工作時間裡扣除逛街、打掃清潔、照顧小孩、做家事等等。
- 休閒、自由、沒被排定的時間：從非工作時間裡扣除以上所有的項目之後所剩下的，就是休閒時間了。

休閒娛樂並不是你可以保存起來，一直留到退休才能使用的東西。要很有計畫的將一生的休閒、娛樂的時間好好的活用在你的幼年、青年、中年、壯年一直到老年（老年即所謂的退休後）。根據多項研究顯示，每一個人，不分年齡老幼，每一個禮拜當中都有至少 30 個小時的休閒時間。但是如果你在街上隨便抓一個人來問他們是否如此，所得到的答案通常是：「你們是對

哪些人作的調查，三歲小孩嗎？我們的生活當中充斥著除了忙碌，還是忙碌。」大部份的人都認為他們完全沒有休閒的時間可言。甚至有人還為此而感到優越、驕傲且沾沾自喜，越忙碌象徵著你的社會地位越高。就這樣，你的生活被忙碌的工作、差事、繁雜的家事、與家人的相處、個人的雜務等一切的一切給吞噬了。每天當你忙完了這些事之後，累得只想躺上床大睡一覺，我想也不會有什麼休閒的時間了，而你竟為了這樣的生活而沾沾自喜！

　　生活真的必須像這個樣子嗎？其實不然。舉個例子來說：有人派了一件差事給你，給你三個小時的時間完成它。你可能會拿這三個小時全用來作這件事，直到做完為止。但是如果換另一個方法，情況可能會有所改變。你一樣有三個小時的時間做完一件事，但是你心想，我不想把這三個小時全都花在那件工作上。你決定抽出兩個小時的時間給自己，在這個空檔當中你可以很自由的發揮。剩下的一個小時再拿來完成那件工作。當然，這時候你必須加快動作，在限定的時間之內完成它，你不能停下來跟其他人閒聊，也不能浪費時間在斤斤計較和猶豫不決上。用這個方法，你一樣可以把這件事做完，卻只需要一個小時，而不是三個小時。這就與我們下面所要講的，為了保有休閒娛樂的時間所該有的原則有關：

1. 如果你覺得生活忙碌，根本沒時間休息，做休閒活動，每個月初先在日曆上排定好這一個月特別用來休閒娛樂的時間。

　　可是，你心中的小清教徒在對你說「每個月花三十小時來玩樂實在是太多了！」沒關係，我有一個辦法可以協助你對付哪個

在你心裡念不停的小清教徒。假想醫生剛剛告訴你，你快死了，你得了絕症只剩兩年可活，這時你最想做得是什麼事？你是否覺得自己已不枉此生，可以了無遺憾的離開人世呢？還是你希望能夠有機會重新來過，再走一遭，有更多時間做想做得事呢？每個禮拜留三十個小時做自己喜歡的休閒活動對一個快要死掉的人來說多麼珍貴，卻又多麼稀少！你可能會說「那好吧！如果我真的快死了，你說的這些都對。」但，你難道不是正一天天地朝死亡邁進嗎？每過一天，你就老了一點，身體裡毀壞的細胞數也越來越多。事實上，你的確是一點一點慢慢的死去，只是不知時候何時來到罷了。所以，不管你年紀為何，是年青還是年老，在某個意義上來說，你/妳都是一個逐漸死去的人。而你每個禮拜空出時間去做休閒娛樂的活動，就是為了讓自己在有生之年能夠活得暢快、盡興。

有了休閒的時間之後，接下來的問題是要怎麼利用這些時間？在前面幾個章節都在長篇大論怎麼爬完某某世界的金字塔之後，你自然會想，「既然這一章講到休閒娛樂，那應該會談論爬『休閒的金字塔』吧！」但是，恰恰相反，這一次我們不用爬金字塔了，很驚訝吧！原因其實很簡單，我們一直在講的金字塔是目的及動力取向，有一個必須達到的目的，必須具有某種程度的意義，甚至是驅使你去做事情的動力。當然，也有人是這樣看待休閒活動的，不過，這樣的人是僅供瞻仰懷念的，因為他們早已心臟病發長眠地下了。這些人過日子好像背後有人在追他/她，每件事都緊急地不得了，不趕快做會死掉一樣。他們這般汲汲營營、忙忙碌碌的結果不是天堂，而是心臟病。如果你不想落入同樣的命運，就得要徹底改變生活方式，不管是學習、工作還是休閒，都要用一種輕快的心情去看待、去面對。當然，不可能要所有人一夕之間就丟棄舊有的生活型態——用意義或目標來看待工

作，每件事都急得跟火燒屁股一樣。但希望至少在休閒的時刻能夠放下這些「使命感」「每件事都是不得了的大事!」真正享受片刻的放鬆。

2. 重點不是你做什麼休閒活動，而是你用何種態度看待它。只要你能夠感到身心完全的放鬆，全心全意的享受且沈浸在你的休閒生活，你不只能樂在其中，甚至還能延長你的壽命。

　　什麼叫做休閒生活？並不是你做了哪些活動就叫做休閒。而是你不管在從事何種活動時，所持有的態度本身，才真正是休閒生活的精神。現今這個社會，我們得承認，並不是很多人能懂得這樣的道理。你常常會聽到有人把休閒娛樂當成是幾種特定的休閒活動。拿網球來說，它被當成一種休閒活動。一個人可以上網球場，盡情的發洩他的精力，盡情的享受網球所帶給他的樂趣。這時候打網球絕對是一種良好的休閒娛樂，因為你藉著它達到了休閒的目的。但是也有那種，得失心很重，一心想要求勝，打球時非常小心謹慎、充滿侵略性，甚至帶著怒氣的人。看看他，這時候打網球對他來說就已經失去休閒的意義了。

　　你可能會問，我到底該作哪些休閒活動呢？答案是：都可以。只要你是你喜歡的、不違法的、不危險的，其實都可以。你可以說所有的活動都可能脫離休閒的意義，但是所有的活動也都有成為良好的休閒娛樂的潛力。我說過了，這要視你是以何種態度在做它，就會有不同的結果。

3. 所謂的休閒活動是自由心智選擇的，而非別人告訴你去做什麼。每項休閒活動只要前提是你自由去選擇，且能從中真正獲得樂趣，這就是休閒活動。

都說了前提必須是「你能真正自由地做選擇，且樂在其中。」那問題就在於你如何判定什麼活動最能讓你得到樂趣。選擇是那麼的多！不過，因為活動也與技能有關，所以要找出最喜歡的活動，就先從找出自己最喜歡的技能開始。回溯本書八十五頁圖所做得派對練習，看看你最偏好的技能是哪一類型。假設是社會型：「告知、啟發、協助、訓練、發展、治療他人，或從事文字相關工作。」找好了之後，接下來的三個步驟是：

A. 在這一類型的技能群裡，最最喜歡的是哪一個？（假設是：與文字相關的工作）

B. 你在工作是上否有足夠的機會使用自己最喜歡的技能？如果答案是否定的，「沒有，我覺得我沒有足夠的機會去使用那些技能。」那你就可以選擇用得著該技能的休閒活動。接下來的問題是找出與該技能相關的休閒活動。〈用我們剛剛舉的例子來說，與文字相關的活動是：閱讀、填字謎、塗鴉、寫信、作詩、寫小說、或和朋友聊天，甚至跟陌生人講話——這些活動都牽涉到文字的使用。〉

C. 如果，答案是肯定的「有的，我在工作上有足夠的機會運用到最喜歡的技能。」那你可能會想做些不同的休閒活動，可以從發掘與工作相關技能完全相反的領域開始。（延續上面舉的例子，社會型的技能類型是你最喜歡，又會在工作中使用到的。現在你要看的是社會型的斜對角，實際型：「關於藝術、技術方面的能力，與

動、植物有關的工作，或操作機器、工具的能力。」如果說這些技能裡面你最喜歡「使用工具」這項技能，那你可以趁休閒時間去做手工藝品或木工方面的工作）

　　這個六角形的派對練習源自何倫博士的研究創作。基本上，這個練習是關於人際關係的互動。比方說，你選擇社會型，表示你將大部份的時間和心力花在發展社會型的技能上。也就是說，你花在企業型和藝術型型技能的時間和心力相對地就比較少，花在傳統和研究型上的就更少了，而實際型技能得到的注意和時間則是最少的。所以我們可以把社會型技能稱做「具備最久的技能」，實際型技能則是「最新啟用的技能。」

4. 想想看你早就習得且最喜歡的技能，你在工作上如果沒有能夠充份地運用這些技能，找些用得著的休閒活動；不過，如果你的工作可以讓你盡情地展現、使用你最喜歡的技能，那你可以利用休閒的時間再去發掘自己新的技能。

　　沒問題了吧！現在你已經知道「休閒活動」是你可以做任何你想做且有能力做得活動；你有自由選擇的權力，而不是別人告訴你要做這做那；重要的是你要樂在其中。既然是自由選擇，又不想將自己侷限在某種特定的活動，希望每天、甚至每個小時都

可以嘗試些不同的活動，像這樣狂野的靈魂，最好是幫他/她們建構一個娛樂活動一覽圖表，每當他/她定出休閒的時間，就可以參考這個表，從眾多的選擇中選個沒做過的活動試試看。

建構休閒活動一覽表：

首先，我們劃一條水平線和一條垂直線，有點像經線跟緯線，這樣說比較清楚。

比較有爭議的是我們要用這兩條線分別代表什麼？來看看下面幾種可能：

a. 用來表示愉快的程度：

沒什麼樂趣的活動   最令我快樂的活動

這個分類法的缺點是太主觀了。比方說，有人將「性事」歸在線軸的最右端，卻也有人認為「精神上的圓滿」才是最能帶給他/她快樂的活動。好吧！那看下一種分類法：

b. 用來表示情感渲洩的程度：

對舒發情感沒什麼協助   最能讓你渲洩情緒的活動

這個分類法也有一樣的毛病，因為對甲來說最能渲洩情緒的可能是藉由做激烈運動，例如打橄欖球；可是某乙卻喜歡用看劇情片的方式來舒發自己的情緒。再看下一個：

這個分類和前面兩者比起來的確是比較沒這麼主觀了，畢竟，大家應該都會同意，爬山要歸在靠右的線上，至於看電視則應該被安置在線軸的最左端。這個方法可以列入考慮，不過，讓我們再看看其他的方法：

c. 用來表示冒險、刺激的程度：

一點兒也不刺激   非常刺激又冒險的活動

────────────────────────────▶

d. 用來表示花費精力的程度

不太費力   需要花費很多精力

────────────────────────────▶

嗯，聽起來相當的不錯！第一點，它很客觀。大部份的人都會同意，足球運動比沙灘漫步要來得耗費體力。第二點，這正是大多數人在選擇從事什麼休閒活動時的一種衡量標準：這個活動的能量指數有多高，我們會消耗多少精力。第三點，它還跟跟方法Ｃ還有交互作用。綜合以上總總優點，這個方法真是再好不過了！接下來，我想要把這個分類法分成幾個等級，表示花費精力的程度高低：

從低到高是：

1. **打發時間等級：**花費的精力最少。心不在焉的盯著電視是其中之一。
2. **找樂子、玩得開心等級：**花得精力多一點。例如參加派對，努力讓自己玩得高興。

3. **慶祝等級**：所需精力再多一點。比方說，大聲、精力十足的唱歌，慶祝人生的喜悅。

4. **須有創造力或成就點什麼**：你要花很多力氣，不論是體能上或精神上，甚或兩者皆需。

5. **競技或求取一種壓倒性的勝利**：所花費的精力最鉅。

處理好了橫軸之後，接下來我們來看縱軸，要用縱軸代表什麼呢？

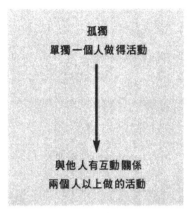

第一個想到的是另一個左右我們選擇休閒活動的因素：個人活動或群體活動，如右圖。不過，這個分類法似乎不如「精力程度等級劃分法」來的好用。但，這個方法最有趣的一個現象是要如何命名中間點？我比較喜歡用「獨自一人身處人群中」來名之。比方說，你獨自一人在漫無人跡的沙灘上散步，這毫無疑問的應該劃分在線軸的上端。但是，我們要如何歸類「自己去參觀藝術博物館」呢？你是一個人去的沒有錯，但你卻被人群包圍，雖然你們沒有交談，沒有真正的互動（除了擦身而過時，低喃幾句『抱歉，借過!』或偶爾交會的眼神），但你卻無法忽視他們的存在。而且實際上，你和這些陌生人有著共同的興趣，參與同樣的活動，這就是我所謂的「獨自一人身處人群中」。

既然講到中間點，那橫軸的中間點要怎麼定義呢？水平線的最左端是旁觀者，最右端則是參與者，可是中間呢？要怎麼稱呼？「以旁觀者的身份去參與」，「賭馬」是最適合用來說明的

例子。在某個程度上來說，你在觀看這場賽馬，所以你是旁觀者；可是你又以「下注賭馬」而實際上也算參與了這場比賽。因此，你也是參與者，這就是「以旁觀者的身份去參與」。

　　現在，把水平線和垂直線交錯，構成如下圖般的骨架。將那些獨自一人做得活動劃分在水平線的上方。如此一來，當我們完成這個休閒活動一覽表之後，只要看到出現在水平軸上方的活動就知道它們是個人活動；所以，有兩個人以上參與的活動就劃分在水平軸的下方了。至於你置身於人群中卻獨自完成的活動就歸在靠進中間點的地方；不太須要耗費精力的活動應該擺在垂直軸的左半部；相反地，如果某個活動要消耗你很多力氣，此時，你從旁觀者的身份變成一個實際的參與者，這樣的活動就劃分在垂直軸的右半邊。乾淨俐落！不過，有一個小問題，一項休閒活動可能出現在圖表上不同的地方，我們用「騎腳踏車」做例子：

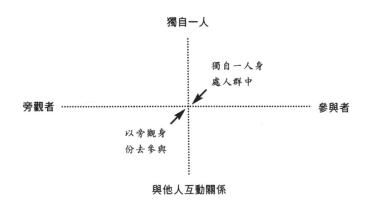

以下我們列出八種不同的「騎腳踏車」情境：

1. 漫無目的的在巷弄間晃來晃去，純粹是為消磨等人的時間。

2. 獨自一人騎在鄉間的路上，欣賞山林樹木之美，落日的餘暉。

3. 練習騎一台新買的十段變速腳踏車，練到騎會為止。

4. 到目前為止，你的最高紀錄是獨自一人騎七哩的路程上下山坡。今天你決定要挑戰十哩的路程。

5. 和 1. 類似，不同的是你有一個同伴，兩人漫無目的的在巷弄間晃來晃去，打發時間等第三個人出現。

6. 和 2. 類似，只不過人數增加到兩人、或四人、甚或一群人。

7. 教另一個人學騎腳踏車。

8. 參加一場總哩程超過 750 哩的馬拉松競賽。

照這樣看來，「騎腳踏車」這個活動可以擺在圖上八個不同的位置。當然，我們不可能把每個活動都按不同情境劃分在不同地區，這樣會天下大亂！最好的辦法是將每個活動按其最普遍的情境排列在表上。在這裡要加一個但書，就是如果你看到自己最喜歡的活動在表上被錯置了，把它塗掉，再安置在你認為適當的地方。這應該是一個輔助你的圖表，而不是要你來遷就它。記住，你要讓本書來配合你的需要，正如同你有權主宰自己的人生一樣。

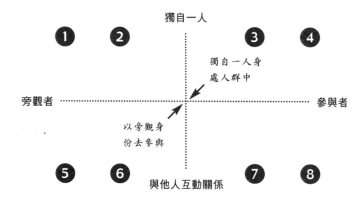

5. 如果你想要多嘗試、發掘不同的休閒活動，你可以作一個休閒活動一覽表（如上例），看看你到底有哪些選擇；至於發掘新的活動則可以尋求書籍或朋友的幫忙。

結論

　　我所認識最快樂、最棒的人都有一個共同的特質：他們並不是坐在那裡等著特定的休閒時間來到，而是無時無刻都在享受人生，讓自己活得快樂。他們總是在傾聽、尋找可以與之共樂的聲音或景致，或同好。堅信唯有幽默及輕鬆的態度才是度過日復一日、單調乏味日子的不二法門。說到這裡，我想到一位公車司機，幽默地用搞笑的方式告訴乘客下一停靠站的站名，讓他的乘客笑得樂不可抑；還有一位服務生，幾乎所有的客人都愛死她了，因為她會用開玩笑的方式幫客人點餐；我們鎮上加油站有一位技工，大家都很喜歡去找他，看他搞笑的模樣；某航空公司的空服員在聽到有人問她「飛到洛杉磯（註：與失落的天使同音）那裡去要多久啊？」總是回答說，「不知道，因為我們從來沒成功過！」我腦海裡浮現的是一對年輕的愛侶，以越來越快的速度玩文字接龍，最後兩人笑個不停倒在地上；我想到的是一位父親，在聽到收音機播放進行曲的音樂時，開始誇張滑稽的邁開大步，模仿行軍的樣子，逗得她的妻子和小孩捧腹大笑。

　　你可能會說，「跟小丑一樣！」不過，這世界不正充斥著小丑嗎？「像長不大的小孩！」你可能如此不屑的說。沒錯，這真是再好沒有的讚美了。有位哲人在兩千年前就說過，「如果你不是像個小孩，就無法進入天堂的國度。」我想不出任何一句話比讚美一個女人「妳真是太有趣了！」更好！而沒有一句讚美比對我說「他真是個風趣的男人！」來得更令我開心、受用。

　　所以，讓我們舉杯向那些願意在休閒時間之外展現他們的幽默感來美化我們生活的人乾杯！將幽默散播在生活的每一層面：在工作中、學習裡、做愛時。生活對他們而言即是娛樂。讓我們舉杯向他們致敬，所有拒絕人生成為三個大箱子，而去學習，或

正在學習如何跳離箱子、打破藩籬的人。是的，我們願舉杯向您
祝賀。

「我不是怕死，我只是不想
躺在那裡。」

附　錄　一

排序的方法:

　　將一些影響決定的因素加以排列，才能使之真正發揮作用。有時，你是靠直覺來決定哪個因素最重要，哪個次重要。但大部份的時候，直覺解決不了問題，下面我們提供一個很有用的排序法:

　　步驟一:　　先把你要排序的事物編號，寫在紙上。假設你要將菜單上的十種菜色排一個先後順序:

　　步驟二:　　如圖示，做一個號碼欄。

　　　　1. 水果雞尾酒　　　　6. 芽甘籃
　　　　2. 闊葉菊萵苣　　　　7. 發酵麵包
　　　　3. 烤牛肉　　　　　　8. 冰淇淋
　　　　4. 馬鈴薯泥　　　　　9. 巧克力蛋糕
　　　　5. 蘇打果汁　　　　　10. 咖啡

把每一個號碼跟其他的號碼（除了自己以外）依序倆倆一組，排成像圖例的 A～I 欄.（欄位數會比待排序的總數少一個）：

　　步驟三： 先從 A 欄看起，最上面的是 No.1 和 No.2 ，問自己「如果你只有這兩個選擇，你會選哪一個?」套用我們剛剛的例子，你的問題就變成「如果你只能從水果雞尾酒和闊葉菊萵

A	B	C	D	E	F	G	H	I
1 2	—	—	—	—	—	—	—	—
1 3	2 3	—	—	—	—	—	—	—
1 4	2 4	3 4	—	—	—	—	—	—
1 5	2 5	3 5	4 5	—	—	—	—	—
1 6	2 6	3 6	4 6	5 6	—	—	—	—
1 7	2 7	3 7	4 7	5 7	6 7	—	—	—
1 8	2 8	3 8	4 8	5 8	6 8	7 8	—	—
1 9	2 9	3 9	4 9	5 9	6 9	7 9	8 9	—
1 10	2 10	3 10	4 10	5 10	6 10	7 10	8 10	9 10

A	B	C	D	E	F	G	H	I
①2	—	—	—	—	—	—	—	—
1 ③	2 ③	—	—	—	—	—	—	—
1 ④	2 ④	③4	—	—	—	—	—	—
1 ⑤	2 ⑤	3 ⑤	4 ⑤	—	—	—	—	—
①6	2 ⑥	③6	④6	⑤6	—	—	—	—
1 ⑦	2 ⑦	③7	④7	⑤7	6 ⑦	—	—	—
1 ⑧	2 ⑧	③8	④8	⑤8	6 ⑧	7 ⑧	—	—
①9	2 ⑨	③9	④9	⑤9	6 ⑨	⑦9	⑧9	—
①10	2 ⑩	③10	④10	⑤10	⑥10	⑦10	⑧10	⑨10

菖當中選一個的話，你會選哪一個？」再把你的選項對應回它的編號，把號碼圈起來。完成之後到下一層， No. 1 vs. No. 3，問題就成了「如果一定要你從水果雞尾酒和烤牛肉兩者選一個的話，你的選擇是？」以此類推， A 欄的項目圈選好了之後，再把 B 到 I 欄全部做完。

步驟四： 現在你把每個數目字被圈起來的次數加起來。

步驟五： 再依次數的多寡排列，由高到低。拿舉的例子來說，計算出來的結果如下圖。把相對應的菜名列在旁邊，這樣一個排序表就非常清楚，一目了然。（在我們的例子裡，拔得頭籌的是 No. 5 果汁, No. 3 烤牛肉居次，按這樣的順序去排列）。

No.1 — 4 次　　　　No.6　 — 2 次
No.2 — 0 次　　　　No.7　 — 5 次
No.3 — 8 次　　　　No.8　 — 6 次
No.4 — 7 次　　　　No.9　 — 3 次
No.5 — 9 次　　　　No.10　— 1 次

　　最後再把做好的排序表看一遍，有沒有哪個順序是你一看就覺得不太對的，有的話，不必拘泥於排序的結果。你還有可能遇到的問題是兩個項目得到的次數一樣多，如果是這樣，你可以就把這兩個項目並列。但要是你想將這兩個項目分個高低，拿我們舉的例子來說，假如 No. 1 水果雞尾酒和 No. 9 巧克力蛋糕在統計過之後都是四次，那我們就回過頭去看看數字欄，在 1 和 9 同一組的情況下你選哪一個。如此一來，你就可以清楚知道在你心裡 1. 和 9. 孰輕孰重。

這些是我的重要/ 喜好順序一覽表：

No. 5　果汁

No. 3　烤牛肉

No. 4　馬鈴薯泥

No. 8　冰淇淋

No. 7　發效麵包

No. 1　水果雞尾酒

No. 9　巧克力蛋糕

No. 6　芽甘籃

No. 10　咖啡

No. 2　闊葉菊萵苣

附　錄　二

快速求職指南

前言：關於求職你不可不知

　　要知道，大多數人採用的傳統求職法成效並不是非常好——看報紙的徵才廣告，透過坊間的職業介紹所，公立的職業輔導中心，還有寄履歷表等等。專家指出，　有80％的工作機會並沒有出現在一般求職者找工作的媒介中。而靠履歷表找工作的成功率更是低得可以。因此，我們需要一套更好的求職方法，尤其是每個人一生當中找工作的次數平均有十五次之多。

　　我們的求職指南即是協助你做好這三個準備動作，收集所須的資料，讓你又快又有成效地找到工作。那找工作的過程到底要花多少時間呢？沒人能說得準！　短的話可能一個星期，長的話也許要九個月才找得到工作。時間的長短取決於你花費多少心力去作準備、思考，不過還有其他很多的原因。不可否認的，運氣是佔了很大的份量。不過，我們可以肯定的是「你花費在求職指南的時間越多，你實際找工作的時間就越少。」

1. 何倫博士的派對練習

   參照八十五頁的圖

2. 最得意的七件成就

   參考一百零六與一百零七頁的圖

   接下來你要考慮的是……

3. 你最想將技能用在什麼地方？

   不挑食，哪兒有空缺就願意做，這沒什麼不好。只是，如同我前面說到的，工作空缺並不是這麼好找。所以，如果你能先用一些消去法則把就業市場的大範圍縮小到某個特定的領域，讓你越清楚自己喜歡的工作場所，你找工作的過程就能事半功倍。

   協助你縮小搜尋範圍的消去法則有六：

   1. 你最想要工作的地理位置
      哪個城市，郊區，鄉鎮，是國內還是國外？

   2. 你最樂意與哪種人相處、共事？
      你可以直接引用派對練習的答案，因為這些答案即是你選擇的「人為環境」。你還可以想想以往有哪些人是你一想到就倒盡胃口的，試著描述與之相反的類型。

   3. 你願意為何種目標、理想或價值觀付出？
      有兩個測驗可以協助你找到答案。一是回答以下這個問題：「我希望自己有生之年看到這個世界有何種改變？」你可以和幾個朋友一起做腦力激盪，將答案寫下來之後，選你認為最重要的五個，在每個要點下面寫你為什

麼願意或不願意參與上述改變的過程，又是以何種方式參與？另一個測驗是如果你有一千萬美元，一輩子都不用工作了，那你要如何打發剩下的人生？如果你的答案是種種花草、做園藝，或做風箏，想一下，有什麼地方願意付錢請你做這些事？這個練習的另一個版本是如果你有另一個一千萬美元，而且一定要捐出去，你要把它捐給什麼機構？為了什麼原因？

4. 回想學過的特殊知識，有哪些是你特別喜歡，又希望以後會繼續用到的？

   想想你在學校時最喜歡的科目、語文，或仍具重要性的某一領域或行業之特殊知識，將來還用得著的。

5. 你比較傾好的工作環境？

   你是比較喜歡在工作中下列的項目多一點或少一點：上司的督導、變化性、一致性、衣著的規定、發揮創意的機會、以及接收到工作成效的回饋。如果你有工作經驗的話，把過去經驗中最討厭的工作條環境出來，再將其轉換為對未來的期望。

6. 你願意承擔多少職責，換句話說，就是你期望的薪水是多少？

將答案堆起來：

我的技能為： 最強的技能，次強的技能，排第三的技能，排第四的技能，排第五的技能，排第六的技能（填入附圖中）。

現在，
將答案堆起來

我的技能為：

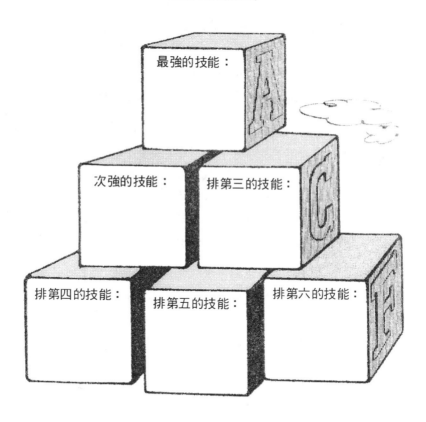

最強的技能：

次強的技能：

排第三的技能：

排第四的技能：

排第五的技能：

排第六的技能：

如何利用「求職指南」找到合適的公司／機構，有下面三個階段：

第一階段：練習階段

利用休假的時間，選一個嗜好或興趣（跟工作一點關係都沒有的）。可能是繪畫、滑水、聽音樂、園藝、集郵、釣馬子等等。在你居住多年的城市裡，從電話簿裡找或請朋友推薦有同樣嗜好或興趣的人，去訪問他／她，問他／她下面幾個問題。要是你很害羞，不好意思一個人去，可以找個朋友陪你去。這只是一個收集資料的過程，不要太緊張。

- 你是如何開始的？
- 你最喜歡這個嗜好的哪些地方？最不喜歡什麼？
- 我還可以到哪裡去找到以此興趣謀生的人，或有相同興趣的人？

就這樣，你一個個去訪問這些人，直到你能夠很自然的跟這些人分享，談論你瘋狂喜愛的興趣或嗜好。(大部份的人之所以害羞或不敢跟陌生人說話，是因為假定的對方沒有相同的興趣，不了解這種熱愛。)

第二階段：收集資料的階段

接下來，在你所選的區域或城市，尋找你理想的工作場所。你可以從官方機構，或以電話簿做為起點，或問問你認識的人，周遭的親朋好友。你要找的是即使和理想只有十分之一相像的也行。它是可以幫你找到理想工作場所的跳板。

舉個實際的例子：有位小姐，她最喜歡的技能是和人相處，在一對一、面對面的情境下進行諮商輔導，希望的工作場所是私人的機構（不是公家單位或學校），該機構夠關心員工，樂於協

助他們做生涯規劃。她的喜好和希冀構成了她的「求職指南」，現在，她就要按照這份指南開始去找出符合她理想的工作。首先，她選定工作的地理位置，問她認識的人（翻閱大學的畢業紀念冊），在上述城市裡有沒有什麼私人機構提供員工生涯規劃的計畫（假設說答案是一家銀行好了），接下來，則去拜訪該公司的計畫負責人：

請問：

1. 這個計畫是如何開始的？
2. 這個計畫的目標為何？
3. 成效如何？
4. 到目前為止，這個計畫的優點在哪？又有什麼限制？
5. 最後問說： 在這個地理區域裡，還有哪些私人機構有類似的計畫？而這些計畫的負責人又分別是誰？

你在這個步驟所做的純粹是收集資料，一個接一個地問這些負責人相同的問題。然後，從她拜訪過的機構裡選兩、三個她最有興趣的，並告訴他們她為什麼及想要如何將諮詢技能運用在這些機構裡。

階段三：也是最後一個階段，錄用階段

在做前面兩個階段的動作時，有一個要點：你是篩選員，要篩選適合的老闆和機構。如果你忘了這一點，讓自己不知不覺的變成被篩選的對象，反主為客，就會失去找工作的過程中之優勢。在這個階段裡，你要從第二階段所拜訪過的公司中挑出兩、三家你覺得最符合你理想的公司，再去拜訪他們。不過，這個時候你可真的是被篩選的對象了，因為此時你是以求職者的身份去找工作。這些機構此時有沒有空缺並不重要，重要的是你要找出這些機構的負責人事雇用的人，和他/她們面談，告訴他/她

們：

- 這家公司在你第一次拜訪時是哪一點吸引了你？ 讓你印象特別深刻？
- 根據你第二個階段拜訪得出來的結論，發現這個職業領域普遍存在何種挑戰、需求、或問題，而這家公司的挑戰，需求及問題又是哪些？
- 你認為要具備哪些技能才足以處理或面對這些挑戰或需求。

而你正好具備這些技能。

The Three Boxes of Life

生涯規劃--掙脫人生的三大桎梏

原　　著／Richard N.Bolles
譯　　者／王梅蘭、李茂興
執行編輯／黃彥儒
出 版 者／弘智文化事業有限公司
地　　址／台北縣深坑鄉北深路三段 260 號 8 樓
電　　話／（02）8662-6826・8662-6810
傳　　真／（02）2664-7633
發 行 人／馬琦涵

總 經 銷／揚智文化事業股份有限公司
地　　址／台北縣深坑鄉北深路三段 260 號 8 樓
電　　話／（02）8662-6826・8662-6810
傳　　真／（02）2664-7633
製　　版／信利印製有限公司
初版二刷／2009 年 09 月
定　　價／250 元
E-mail／service@ycrc.com.tw

ISBN 957-0453-76-1

國家圖書館出版品預行編目資料

生涯規劃：掙脫人生的三大桎梏 / Richard
N.Bolles 著. ; 王梅蘭, 李茂興譯. -- 初版. --
臺北市 ： 弘智文化, 2002 [民 91]
   面 ； 公分
  譯自 ： Getting out of the three boxes of
life
  ISBN 957-0453-76-1（平裝）

  1. 職業輔導 2. 生涯規劃

542.75   91022020